DISCLAIMER

The author and publisher are providing this book and its contents on an "as is" basis and make no representations or warranties of any kind with respect to this book or its contents. The author and publisher disclaim all such representations and warranties, including but not limited to warranties of merchantability. In addition, the author and publisher do not represent or warrant that the information accessible via this book is accurate, complete, or current.

Except as specifically stated in this book, neither the author nor publisher, nor any authors, contributors, or other representatives will be liable for damages arising out of or in connection with the use of this book. This is a comprehensive limitation of liability that applies to all damages of any kind, including (without limitation) compensatory; direct, indirect, or consequential damages; loss of data, income, or profit; loss of or damage to property; and claims of third parties.

BESTACTIVITYBOOKS.COM

FIRST EDITION - Published 2022

Extra Graphic Material From: www.freepik.com
Thanks to: Alekksall, Starline, Pch.vector, Rawpixel.com, Vectorpocket, Dgim-studio, Upklyak, Macrovector, Stockgiu, Pikisuperstar & Freepik.com Designers

GET
YOUR
BONUS
FREE
CODE: WSBONUS20

5 TIPS TO START!

1) HOW TO SOLVE

The Puzzles are in a Classic Format:

- Words are hidden without breaks (no spaces, dashes, ...)
- Orientation: Forward & Backward, Up & Down or in Diagonal (can be in both directions)
- Words can overlap or cross each other

2) ACTIVE LEARNING

To encourage learning actively, a space is provided next to each word to write down the translation. The **DICTIONARY** allows you to verify and expand your knowledge. You can look up and write down each translation, find the words in the Puzzle then add them to your vocabulary!

3) TAG YOUR WORDS

Have you tried using a tag system? For example, you could mark the words which have been difficult to find with a cross, the ones you loved with a star, new words with a triangle, rare words with a diamond and so on...

4) ORGANIZE YOUR LEARNING

We also offer a convenient **NOTEBOOK** at the end of this edition. Whether on vacation, travelling or at home, you can easily organize your new knowledge without needing a second notebook!

5) FINISHED?

Go to the bonus section: **MONSTER CHALLENGE** to find a free game offered at the end of this edition!

Want more fun and learning activities? It's **Fast and Simple!**
An entire Game Book Collection just **one click away!**

Find your next challenge at:

BestActivityBooks.com/MyNextWordSearch

Ready, Set... Go!

Did you know there are around 7,000 different languages in the world? Words are precious.

We love languages and have been working hard to make the highest quality books for you. Our ingredients?

A selection of indispensable learning themes, three big slices of fun, then we add a spoonful of difficult words and a pinch of rare ones. We serve them up with care and a maximum of delight so you can solve the best word games and have fun learning!

Your feedback is essential. You can be an active participant in the success of this book by leaving us a review. Tell us what you liked most in this edition!

Here is a short link which will take you to your order page.

BestBooksActivity.com/Review50

Thanks for your help and enjoy the Game!

Linguas Classics Team

1 - Antiques

B	C	V	S	D	I	P	G	H	N	S	N	Y	S
I	A	E	W	C	E	I	Ţ	A	T	I	C	I	L
J	L	C	P	H	U	C	L	Z	L	X	S	J	T
U	I	H	M	A	K	L	O	W	Ț	E	R	P	N
T	T	I	Q	D	I	E	P	R	Z	R	R	H	A
E	A	I	F	L	I	M	G	T	A	Ă	Ţ	I	G
R	T	N	A	L	Ț	C	O	Ţ	U	T	M	T	E
I	E	E	W	E	I	L	O	L	R	R	I	D	L
I	R	C	A	D	T	S	D	T	V	A	Ă	V	E
A	A	E	R	E	S	T	A	U	R	A	R	E	D
Y	O	D	S	N	E	O	B	I	Ș	N	U	I	T
C	L	H	T	O	V	S	E	C	O	L	U	F	T
T	A	Q	I	M	N	M	O	B	I	L	I	E	R
Z	V	B	L	C	I	T	N	E	T	U	A	M	M

ARTĂ
LICITAŢIE
AUTENTIC
SECOL
MONEDE
DECENII
DECORATIV
ELEGANT
MOBILIER
GALERIE
INVESTIȚII
BIJUTERII
VECHI
PREȚ
CALITATE
RESTAURARE
SCULPTURĂ
STIL
NEOBIȘNUIT
VALOARE

2 - Food #1

C	A	N	F	A	U	R	V	E	H	P	X	B	S
R	S	W	E	H	R	S	S	X	M	E	A	U	A
Z	J	Z	R	W	Z	A	T	L	I	M	N	S	W
C	Ă	C	A	I	S	Ă	H	U	K	I	T	U	C
S	R	S	S	I	Y	O	N	I	R	L	O	I	E
Z	A	H	Ă	R	N	B	H	U	D	O	N	O	A
V	O	C	R	O	M	L	L	H	Ș	Ă	I	C	P
L	Ș	S	P	A	N	A	C	E	T	P	A	L	Ă
Ă	I	Y	P	A	R	Ă	O	D	M	U	Ă	Ţ	Z
M	Ț	S	A	L	A	T	Ă	O	O	S	P	C	W
Â	R	N	N	D	L	F	F	O	R	C	O	U	W
I	O	H	U	D	R	D	P	R	Z	K	B	S	O
E	C	Z	R	K	K	T	E	K	A	F	W	U	M
S	S	B	I	V	C	S	V	K	C	M	T	Y	Y

CAISĂ
ORZ
BUSUIOC
MORCOV
SCORȚIȘOARĂ
USTUROI
SUC
LĂMÂIE
LAPTE
CEAPĂ
ARAHIDĂ
PARĂ
SALATĂ
SARE
SUPĂ
SPANAC
CĂPȘUNĂ
ZAHĂR
TON
NAP

3 - Measurements

C	Z	N	K	M	B	G	R	E	U	T	A	T	E
L	E	H	I	S	E	G	R	A	D	Z	O	W	J
S	C	I	L	U	R	T	E	M	I	T	N	E	C
R	I	A	O	S	L	W	R	I	S	I	I	I	V
Ţ	M	I	M	A	R	G	H	U	M	Ţ	O	E	Q
W	A	N	E	T	Y	B	Z	Y	O	O	T	M	K
L	L	C	T	P	L	N	L	E	V	O	L	U	M
M	U	H	R	F	E	N	T	M	I	N	U	T	A
Z	R	N	U	D	K	M	O	I	N	E	I	Q	R
Ţ	T	K	G	V	H	Y	N	Ţ	J	B	V	G	G
C	I	J	X	I	P	H	Ă	Ă	D	U	R	T	O
Ţ	L	K	H	E	M	I	Ţ	L	Ă	N	Î	J	L
U	N	C	I	E	K	E	M	A	S	Ă	S	B	I
D	J	R	B	A	D	Â	N	C	I	M	E	Q	K

BYTE
CENTIMETRU
ZECIMAL
GRAD
ADÂNCIME
GRAM
ÎNĂLŢIME
INCH
KILOGRAM
KILOMETRU
LUNGIME
LITRU
MASĂ
METRU
MINUT
UNCIE
TONĂ
VOLUM
GREUTATE
LĂŢIME

4 - Farm #2

W	A	L	S	L	M	B	O	M	H	T	G	T	L
R	S	A	D	W	I	F	R	A	E	N	Y	R	U
V	W	M	M	D	E	Z	R	O	I	L	B	A	N
Q	E	Ă	V	H	L	Y	U	U	W	E	Z	C	C
R	R	G	H	A	M	B	A	R	C	N	F	T	Ă
A	A	A	E	P	O	R	U	M	B	T	P	O	F
Ţ	G	L	L	T	H	F	Â	L	L	R	Ă	R	E
Ă	I	I	A	O	A	Z	R	I	A	Ţ	S	Q	R
T	R	M	M	O	F	L	G	V	P	U	T	M	M
P	I	E	I	D	Ţ	C	F	A	T	B	O	I	I
N	F	N	N	N	N	K	G	D	E	T	R	G	E
H	Y	T	A	H	Y	G	C	Ă	F	Z	X	L	R
Y	S	E	M	O	A	R	Ă	D	E	V	Â	N	T
U	K	K	F	H	V	R	B	F	Q	H	X	N	O

ANIMALE
ORZ
HAMBAR
PORUMB
RAŢĂ
FERMIER
ALIMENTE
FRUCT
IRIGARE
MIEL
LAMĂ
LUNCĂ
LAPTE
LIVADĂ
OAIE
PĂSTOR
TRACTOR
VEGETAL
GRÂU
MOARĂ DE VÂNT

5 - Books

R	I	C	P	X	Y	T	M	Ţ	F	Ţ	C	I	P
U	T	P	O	E	P	N	R	G	R	U	O	N	A
F	I	E	E	E	R	A	R	E	T	I	L	V	G
T	E	H	M	O	O	V	E	R	C	Z	E	E	I
M	B	A	S	E	T	E	E	P	I	C	C	N	N
R	O	M	A	N	U	L	N	W	G	O	Ț	T	Ă
Z	H	N	D	R	A	E	I	A	A	A	I	I	S
C	I	T	I	T	O	R	T	S	R	T	E	V	C
C	O	N	T	E	X	T	V	N	T	A	J	Z	R
P	L	I	N	D	E	U	M	O	R	O	T	Ţ	I
A	V	E	N	T	U	R	Ă	C	J	A	R	O	S
D	U	A	L	I	T	A	T	E	C	P	J	I	R
P	O	E	Z	I	E	T	S	E	V	O	P	E	C
A	Ţ	W	M	A	S	W	B	X	C	X	W	N	Y

AVENTURĂ
AUTOR
COLECȚIE
CONTEXT
DUALITATE
EPIC
ISTORIC
PLIN DE UMOR
INVENTIV
LITERAR
NARATOR
ROMAN
PAGINĂ
POEM
POEZIE
CITITOR
RELEVANT
POVESTE
TRAGIC
SCRIS

6 - Meditation

C	C	M	P	P	Q	F	R	R	Ţ	Q	M	C	H
O	R	E	A	E	I	Ț	N	E	T	A	U	A	X
M	E	N	C	R	B	R	G	C	Ă	A	Z	L	S
P	S	T	E	S	E	U	G	U	C	L	I	M	Y
A	P	A	T	P	F	C	R	N	E	R	C	C	D
S	I	L	N	E	G	K	C	O	R	Y	Ă	I	T
I	R	Ţ	I	C	J	N	J	Ș	E	Ţ	P	V	Z
U	A	D	M	T	E	R	A	T	P	E	C	C	A
N	Ț	K	E	I	N	V	D	I	I	Ț	O	M	E
E	I	P	Q	V	U	Q	O	N	E	Y	B	D	R
L	E	C	C	Ă	F	Ţ	M	Ț	A	W	K	W	T
B	U	N	Ă	T	A	T	E	Ă	R	U	T	A	N
C	L	A	R	I	T	A	T	E	L	O	S	Y	Z
M	I	Ș	C	A	R	E	G	Â	N	D	U	R	I

ACCEPTARE
ATENȚIE
TREAZ
RESPIRAȚIE
CALM
CLARITATE
COMPASIUNE
EMOȚII
RECUNOȘTINȚĂ
BUNĂTATE
MENTAL
MINTE
MIȘCARE
MUZICĂ
NATURĂ
PACE
PERSPECTIVĂ
TĂCERE
GÂNDURI

7 - Days and Months

F	U	F	B	L	Ţ	M	V	A	L	Z	J	O	I
N	E	P	A	U	S	A	I	U	M	U	Ă	Ă	L
A	O	B	V	N	A	R	N	G	A	W	N	C	I
S	O	I	R	Ă	I	T	E	U	R	S	Â	I	U
X	C	I	E	U	X	I	R	S	Ț	Â	M	N	L
M	T	A	I	M	A	E	I	T	I	M	Ă	I	I
I	O	N	R	P	B	R	D	S	N	B	T	M	E
E	M	U	B	C	I	R	I	Z	G	Ă	P	U	I
R	B	A	M	H	Z	Q	I	E	S	T	Ă	D	L
C	R	R	E	K	S	S	G	E	B	Ă	S	Ţ	I
U	I	I	T	C	A	L	E	N	D	A	R	U	R
R	E	E	P	Q	Q	R	U	Y	H	Q	G	Z	P
I	Y	C	E	M	B	L	Ţ	M	I	J	P	T	A
P	W	P	S	T	W	G	J	O	I	F	B	N	B

APRILIE
AUGUST
CALENDAR
FEBRUARIE
VINERI
IANUARIE
IULIE
MARTIE
LUNI
LUNĂ
NOIEMBRIE
OCTOMBRIE
SÂMBĂTĂ
SEPTEMBRIE
DUMINICĂ
JOI
MARȚI
MIERCURI
SĂPTĂMÂNĂ
AN

8 - Energy

P	O	L	U	A	R	E	E	E	O	B	E	M	Ţ
B	H	Q	T	Ţ	K	J	L	N	U	A	L	O	E
C	E	P	J	T	Ţ	E	E	T	W	T	E	T	L
O	G	N	V	Â	N	T	C	R	R	E	C	O	I
M	C	O	Z	F	R	O	T	O	M	R	T	R	B
B	A	T	E	I	Ă	Ţ	R	P	P	I	R	I	A
U	R	O	Q	W	N	N	I	I	X	E	O	N	R
S	B	F	X	D	I	Ă	C	E	Y	Z	N	Ă	E
T	O	P	S	S	B	K	R	A	E	L	C	U	N
I	N	A	E	I	R	T	S	U	D	N	I	K	E
B	A	G	B	I	U	M	V	I	D	T	R	Y	G
I	F	T	L	U	T	P	N	D	X	L	E	N	E
L	J	J	Y	G	R	V	B	E	Ţ	S	Ă	V	R
H	I	D	R	O	G	E	N	M	N	U	T	C	H

BATERIE
CARBON
MOTORINĂ
ELECTRIC
ELECTRON
ENTROPIE
MEDIU
COMBUSTIBIL
BENZINĂ
CĂLDURĂ
HIDROGEN
INDUSTRIE
MOTOR
NUCLEAR
FOTON
POLUARE
REGENERABILE
ABUR
TURBINĂ
VÂNT

9 - Chess

T	L	D	Q	R	A	S	R	E	V	D	A	W	M
U	P	I	B	P	E	I	G	E	T	A	R	T	S
R	U	A	C	V	V	G	R	E	G	U	L	I	Ţ
N	N	G	D	U	I	C	I	F	I	R	C	A	S
E	C	O	J	R	S	P	R	N	T	I	U	H	R
U	T	N	A	D	A	D	Ă	A	Ă	N	T	V	U
C	E	A	X	L	P	K	C	Z	W	T	A	W	C
T	T	L	M	Ţ	B	J	O	U	T	E	N	F	N
X	I	Ă	A	R	Ţ	O	V	E	A	L	J	R	O
P	W	M	V	L	O	C	O	N	O	I	U	Q	C
F	Ţ	Ţ	P	O	O	V	R	E	T	G	J	B	M
J	U	C	Ă	T	O	R	P	G	T	E	T	L	O
I	C	A	M	P	I	O	N	R	P	N	Q	U	F
X	R	E	G	E	C	O	H	U	C	T	L	B	S

NEGRU
PROVOCĂRI
CAMPION
INTELIGENT
CONCURS
DIAGONALĂ
JOC
REGE
ADVERSAR
PASIV
JUCĂTOR
PUNCTE
REGINĂ
REGULI
SACRIFICIU
STRATEGIE
TIMP
TURNEU
ALB

10 - Archeology

C	I	V	I	L	I	Z	A	Ţ	I	E	V	N	M
A	Y	X	O	C	C	J	E	S	R	T	U	Y	M
M	G	Q	O	D	E	E	R	H	Q	C	H	D	P
S	N	L	R	W	G	R	Ă	V	E	E	Q	N	I
R	E	L	I	C	V	Ă	C	N	T	I	H	C	T
M	Q	L	A	A	B	Z	E	E	A	B	O	L	E
P	I	H	C	E	V	I	V	T	T	O	P	T	M
Y	I	S	O	V	O	L	A	N	I	Ă	G	H	P
E	U	S	T	H	Z	A	L	E	H	E	T	G	L
U	Q	I	F	E	J	N	U	M	C	C	R	O	U
I	M	S	T	S	R	A	A	G	I	H	E	T	R
O	A	S	E	A	Q	J	R	A	T	I	P	K	L
F	O	S	I	L	T	Y	E	R	N	P	X	V	X
M	O	R	M	Â	N	T	N	F	A	Ă	E	E	Y

ANALIZĂ
VECHI
ANTICHITATE
OASE
CIVILIZAŢIE
ERĂ
EVALUARE
EXPERT
UITAT
FOSIL
FRAGMENTE
MISTER
OBIECTE
RELICVĂ
CERCETĂTOR
ECHIPĂ
TEMPLU
MORMÂNT

11 - Food #2

S	L	Q	X	J	Y	I	L	T	X	P	R	W	P
T	R	U	A	I	B	O	A	S	F	L	I	O	U
R	C	R	N	G	S	J	Ț	E	L	I	N	Ă	I
U	M	D	Q	R	Ă	M	B	R	Â	N	Z	Ă	Ţ
G	A	Q	P	Â	S	G	V	Â	N	Ă	T	Ă	O
U	M	E	T	U	H	Q	S	N	E	K	A	C	R
R	C	B	R	O	C	C	O	L	I	I	O	R	E
I	P	I	Z	A	Ă	C	N	U	Ș	W	U	E	Z
F	I	E	R	S	N	F	J	N	O	I	W	P	Y
C	Z	H	Ş	E	X	I	L	M	R	B	M	U	W
O	B	F	E	T	A	X	H	G	T	D	P	I	G
K	Z	Z	I	Y	E	Ș	J	G	N	F	V	C	A
Y	Z	I	Q	C	Q	M	Ă	Ă	N	A	N	A	B
D	X	X	A	C	I	O	C	O	L	A	T	Ă	D

MĂR
ANGHINARE
BANANĂ
BROCCOLI
ȚELINĂ
BRÂNZĂ
CIREAȘĂ
PUI
CIOCOLATĂ
OU
VÂNĂTĂ
PEŞTE
STRUGURI
ȘUNCĂ
KIWI
CIUPERCĂ
OREZ
ROȘIE
GRÂU
IAURT

12 - Chemistry

M	R	N	U	C	L	E	A	R	K	I	W	J	O
W	O	E	L	E	C	T	R	O	N	O	Y	W	P
L	L	L	O	R	G	A	N	I	C	N	Q	P	W
I	C	L	E	G	R	E	U	T	A	T	E	G	F
Ç	C	Ţ	R	C	A	S	D	Ţ	V	G	H	C	C
H	D	E	A	R	U	T	A	R	E	P	M	E	T
I	O	V	S	A	A	L	V	B	W	K	T	N	L
D	N	Y	Q	G	C	T	Ă	R	U	D	L	Ă	C
E	N	Z	I	M	Ă	B	O	W	D	J	I	K	T
H	I	D	R	O	G	E	N	M	C	Y	S	C	P
J	A	L	C	A	L	I	N	M	I	W	J	G	A
R	O	T	A	Z	I	L	A	T	A	C	V	A	S
O	X	I	G	E	N	C	A	R	B	O	N	Z	S
J	L	U	I	Q	I	N	B	U	L	Z	P	Z	B

ACID
ALCALIN
ATOMIC
CARBON
CATALIZATOR
CLOR
ELECTRON
ENZIMĂ
GAZ
CĂLDURĂ
HIDROGEN
ION
LICHID
MOLECULĂ
NUCLEAR
ORGANIC
OXIGEN
SARE
TEMPERATURA
GREUTATE

13 - Music

M	Y	J	M	E	J	P	N	I	M	S	C	E	X
U	I	D	C	W	A	Y	K	L	E	P	X	R	H
B	F	C	I	T	E	O	P	C	L	R	F	A	Q
L	X	O	R	J	Ţ	Z	Y	L	O	J	I	R	L
A	V	S	I	O	E	U	Q	A	D	E	R	T	X
T	N	P	L	Z	F	M	V	S	I	I	N	S	M
H	A	A	M	L	F	O	U	I	E	N	U	I	V
R	I	T	M	I	C	U	N	C	C	O	R	G	O
H	C	N	O	P	E	R	Ă	Ă	X	M	U	E	C
I	I	Â	V	O	D	B	A	U	D	R	L	R	A
N	Z	C	Q	U	M	U	Z	I	C	A	L	N	L
L	U	C	Â	N	T	Ă	R	E	Ț	Q	L	Î	X
L	M	E	C	L	E	C	T	I	C	K	J	A	Y
A	R	M	O	N	I	C	V	S	C	U	J	L	B

ALBUM
BALADĂ
COR
CLASIC
ECLECTIC
ARMONIC
ARMONIE
LIRIC
MELODIE
MICROFON
MUZICAL
MUZICIAN
OPERĂ
POETIC
ÎNREGISTRARE
RITM
RITMIC
CÂNTA
CÂNTĂREȚ
VOCAL

14 - Family

I	J	O	F	B	P	Z	X	M	Ș	P	Ţ	R	M
D	H	X	R	U	O	L	I	P	O	C	Q	Y	Ă
P	V	Y	A	N	R	E	T	A	M	N	D	G	T
C	A	S	T	I	O	J	I	Ţ	Ă	T	A	T	U
V	H	T	E	C	I	A	D	X	R	O	T	O	Ş
J	Ă	B	E	Ţ	H	P	O	B	T	P	Y	U	Ă
B	V	R	I	R	C	A	O	Z	S	E	S	S	T
S	Z	G	R	U	N	Z	A	C	T	N	A	B	A
O	M	P	Ă	C	U	S	O	Ț	I	E	A	W	O
R	A	Z	L	U	Ț	O	S	O	Ţ	D	P	R	P
A	M	B	I	R	M	E	Q	T	P	S	W	K	E
H	Ă	V	P	A	X	T	C	U	J	G	N	U	N
F	C	K	O	M	O	Y	O	K	P	O	E	K	L
F	I	I	C	A	T	T	P	S	R	G	U	J	T

STRĂMOȘ
MĂTUŞĂ
FRATE
COPIL
COPILĂRIE
COPII
VĂR
FIICA
TATĂ
BUNIC
NEPOT
SOȚUL
MATERN
MAMĂ
NEPOATĂ
PATERN
SORA
UNCHI
SOȚIE

15 - Farm #1

T	Î	G	O	R	R	R	R	Y	Ţ	U	S	H	U
F	N	P	O	J	T	P	E	Z	Z	K	E	B	Ţ
E	G	H	I	N	R	M	O	M	N	U	M	S	I
Ţ	R	H	W	S	E	Â	I	I	H	N	I	J	K
M	Ă	Ţ	L	E	I	C	B	E	E	P	N	P	J
A	Ş	G	U	Y	A	C	W	Y	R	M	Ț	U	I
C	Ă	A	R	X	T	A	Ă	H	C	E	E	I	I
I	M	R	A	L	B	I	N	Ă	Â	J	D	K	B
O	Â	D	G	A	E	O	O	Ţ	I	O	R	E	Z
A	N	O	Ă	C	G	Ț	Z	Q	N	Â	F	U	R
R	T	V	M	W	R	W	I	L	E	L	F	E	V
Ă	R	P	A	C	P	Z	B	V	P	W	F	I	A
Ţ	W	A	G	R	I	C	U	L	T	U	R	Ă	C
X	C	R	F	N	X	X	F	U	F	A	P	Ă	Ă

AGRICULTURĂ
ALBINĂ
BIZON
VIȚEL
PISICĂ
PUI
VACĂ
CIOARĂ
CÂINE
MĂGAR
GARD
ÎNGRĂŞĂMÂNT
CÂMP
CAPRĂ
FÂN
MIERE
CAL
OREZ
SEMINȚE
APĂ

16 - Camping

V	W	I	C	A	P	O	C	Q	D	J	D	F	C
J	Â	O	B	C	B	Ă	X	U	I	A	B	R	A
G	D	N	H	X	T	Y	D	C	E	S	U	Â	V
T	E	G	Ă	A	P	K	W	U	I	S	S	N	E
O	L	W	T	T	M	Z	E	K	R	F	O	G	N
Y	A	U	R	R	O	A	N	J	Ă	E	L	H	T
Ţ	M	Q	A	O	O	A	C	A	L	C	Ă	I	U
X	I	Y	H	C	N	Ţ	R	Y	Ă	A	N	E	R
E	N	A	T	U	R	Ă	U	E	P	N	I	K	Ă
O	A	L	U	N	A	M	S	Z	J	O	B	M	F
D	I	S	T	R	A	C	Ț	I	E	E	A	U	O
I	N	S	E	C	T	Ă	P	D	Y	I	C	N	C
P	O	C	A	W	B	N	U	Ţ	X	N	O	T	C
K	Ţ	V	P	N	B	H	S	U	F	O	O	E	A

AVENTURĂ
ANIMALE
CABINĂ
CANOE
BUSOLĂ
FOC
PĂDURE
DISTRACȚIE
HAMAC
PĂLĂRIE
VÂNĂTOARE
INSECTĂ
LAC
HARTĂ
LUNA
MUNTE
NATURĂ
FRÂNGHIE
CORT
COPACI

17 - Cats

P	E	R	S	O	N	A	L	I	T	A	T	E	I
A	R	Z	O	Ţ	M	R	T	I	M	I	D	Ş	N
F	L	O	U	L	O	A	O	V	R	N	A	U	D
X	R	Ţ	T	A	S	P	F	T	Q	H	V	Ă	E
I	G	R	C	B	I	I	H	I	Ă	M	I	C	P
A	Ă	T	E	A	P	D	T	R	R	N	E	U	E
D	D	N	F	C	U	R	I	O	S	E	Â	J	N
H	A	A	A	Q	D	X	V	H	J	Z	J	V	D
S	O	Z	B	L	E	I	X	Q	H	G	N	D	E
S	C	U	N	U	B	E	N	X	B	H	D	R	N
Ţ	A	M	R	J	M	R	D	H	P	E	U	I	T
Ș	O	A	R	E	C	E	G	U	Ţ	A	P	L	L
G	E	P	F	S	V	M	R	Y	E	R	Q	B	Ţ
U	H	G	J	C	I	T	A	B	L	Ă	S	L	X

AFECTUOS
GHEARĂ
NEBUN
CURIOS
RAPID
AMUZANT
BLANĂ
VÂNĂTOR
INDEPENDENT
MIC
ȘOARECE
LABA
PERSONALITATE
JUCĂUŞ
TIMID
SOMN
COADĂ
SĂLBATIC
FIRE

18 - Algebra

S	L	F	F	F	J	B	M	Q	F	X	I	M	Ţ
O	I	A	O	C	E	F	A	Y	O	N	W	A	H
L	N	C	R	Z	T	R	T	N	U	M	Ă	R	I
U	I	T	M	E	K	E	R	E	D	Ă	C	S	P
Ţ	A	O	U	R	H	L	I	B	A	I	R	A	V
I	R	R	L	O	D	I	C	Ţ	R	G	H	W	Ţ
E	R	K	Ă	Y	T	N	E	N	O	P	X	E	I
E	C	U	A	Ţ	I	E	Z	V	W	O	C	G	N
C	A	N	T	I	T	A	T	E	I	K	I	R	F
D	F	F	D	I	A	G	R	A	M	Ă	Y	A	I
V	F	A	F	R	A	C	Ț	I	U	N	E	F	N
O	Z	F	L	P	R	O	B	L	E	M	Ă	I	I
O	B	X	J	S	X	P	Y	D	J	K	X	C	T
P	A	R	A	N	T	E	Z	Ă	K	C	T	G	N

DIAGRAMĂ
ECUAŢIE
EXPONENT
FACTOR
FALS
FORMULĂ
FRACȚIUNE
GRAFIC
INFINIT
LINIAR
MATRICE
NUMĂR
PARANTEZĂ
PROBLEMĂ
CANTITATE
SOLUŢIE
SCĂDERE
VARIABIL
ZERO

19 - Numbers

Ș	Q	Y	U	S	O	X	W	D	M	U	Ş	O	G
H	A	Z	N	Q	P	T	Ţ	O	D	L	A	P	C
P	D	P	U	Y	U	A	I	I	D	N	I	T	I
Z	Z	I	T	Z	E	C	I	M	A	L	S	S	N
R	E	A	P	E	B	G	N	P	H	S	P	P	C
S	S	C	O	P	S	A	W	E	L	J	R	R	I
Z	R	C	E	R	W	P	L	N	D	C	E	E	S
T	P	Y	Q	F	C	P	R	A	Ţ	Ţ	Z	Z	P
D	O	U	Ă	Z	E	C	I	E	U	F	E	E	R
U	R	B	U	T	R	E	I	S	Z	O	C	C	E
Ș	G	Q	O	P	A	T	R	U	N	E	E	E	Z
A	P	S	N	C	I	N	C	I	L	H	C	D	E
S	D	O	I	S	P	R	E	Z	E	C	E	E	C
E	R	Ș	A	P	T	E	C	P	G	I	X	F	E

ZECIMAL
OPT
OPTSPREZECE
CINCISPREZECE
CINCI
PATRU
NOUĂ
UNU
ȘAPTE
ȘAPTESPREZECE
ȘASE
ŞAISPREZECE
ZECE
TREI
DOISPREZECE
DOUĂZECI
DOI

20 - Spices

S	A	N	A	S	O	N	C	L	I	D	P	Ţ	W
E	C	L	U	D	R	T	L	U	C	I	N	E	F
B	I	O	R	U	T	S	U	P	R	A	M	A	S
N	J	V	R	N	A	R	F	O	Ș	R	L	G	A
O	U	D	D	Ț	K	Ţ	O	F	J	V	Y	H	R
I	P	C	E	A	I	C	E	A	P	Ă	Y	I	E
M	K	A	Ş	Q	R	Ș	V	I	Q	M	M	M	C
I	E	S	F	O	P	Ţ	O	H	G	O	R	B	L
H	K	M	L	X	A	K	E	A	J	R	X	I	U
C	H	M	O	S	P	R	B	D	R	A	G	R	D
V	A	N	I	L	I	E	Ă	W	V	Ă	U	I	N
C	O	R	I	A	N	D	R	U	B	G	Y	A	M
S	C	H	I	N	D	U	F	E	Q	F	C	G	E
C	A	R	D	A	M	O	M	B	Q	L	F	S	L

ANASON
AMAR
CARDAMOM
SCORȚIȘOARĂ
CORIANDRU
CHIMION
CURRY
FENICUL
SCHINDUF
AROMĂ
USTUROI
GHIMBIR
LEMN DULCE
NUCŞOARĂ
CEAPĂ
PAPRIKA
ȘOFRAN
SARE
DULCE
VANILIE

21 - Universe

O	V	Ţ	D	Ţ	Î	N	T	U	N	E	R	I	C
C	M	P	T	N	A	S	T	R	O	N	O	M	F
K	F	K	W	L	A	T	I	T	U	D	I	N	E
S	Y	Ţ	Ă	P	A	D	J	L	B	X	M	U	T
A	S	T	R	O	N	O	M	I	E	M	J	Z	U
O	C	T	E	E	G	E	Ţ	B	Y	O	Q	R	T
R	O	E	F	U	C	S	E	I	X	A	L	A	G
I	S	L	S	D	N	I	W	Z	H	O	E	L	M
Z	M	E	O	A	E	Ă	T	I	B	R	O	O	E
O	I	S	M	F	E	I	A	V	Y	C	S	S	O
N	C	C	T	S	O	L	S	T	I	Ț	I	U	N
T	T	O	A	E	M	I	S	F	E	R	Ă	E	U
W	A	P	Z	R	L	U	N	A	K	G	Z	H	C
A	S	T	E	R	O	I	D	C	E	R	E	S	C

ASTEROID
ASTRONOM
ASTRONOMIE
ATMOSFERĂ
CERESC
COSMIC
ÎNTUNERIC
EON
GALAXIE
EMISFERĂ
ORIZONT
LATITUDINE
LUNA
ORBITĂ
CER
SOLAR
SOLSTIȚIU
TELESCOP
VIZIBIL

22 - Mammals

J	Ţ	G	B	Ţ	Q	O	L	Z	E	B	R	Ă	D
K	H	S	K	M	B	Ă	A	X	S	L	L	L	E
Y	R	O	T	S	A	C	C	I	L	E	U	U	L
Ţ	A	T	I	Q	Y	I	C	O	E	Ţ	L	P	F
E	W	A	E	D	X	S	M	A	L	Y	K	C	I
P	R	U	P	K	A	I	R	U	N	F	V	R	N
L	S	R	U	U	L	P	A	U	Ţ	G	R	E	T
U	R	S	R	M	K	A	Ţ	P	C	Ă	U	D	L
V	Ă	J	E	E	Y	F	M	G	O	F	E	R	T
E	L	E	F	A	N	T	N	C	I	A	K	D	S
X	I	C	Â	I	N	E	X	T	O	R	Q	U	U
R	R	B	A	L	E	N	Ă	L	T	I	N	H	V
D	O	U	Ţ	E	Ţ	L	Q	L	O	G	H	G	H
J	G	W	Q	A	N	N	P	W	S	Q	F	G	S

URS
CASTOR
TAUR
PISICĂ
COIOT
CÂINE
DELFIN
ELEFANT
VULPE
GIRAFĂ
GORILĂ
CAL
CANGUR
LEU
MAIMUŢĂ
IEPURE
OAIE
BALENĂ
LUP
ZEBRĂ

23 - Bees

P	O	L	E	N	I	Z	A	T	O	R	D	E	A
I	P	I	R	A	R	T	G	I	S	F	I	C	Y
F	W	Y	E	A	O	X	R	X	T	T	V	O	J
E	U	Y	I	N	L	O	Ă	A	U	M	E	S	S
J	C	M	M	E	F	F	D	L	P	R	R	I	N
H	A	B	I	T	A	T	I	I	Z	D	S	S	K
L	M	I	X	N	Q	S	N	M	H	N	I	T	R
I	C	R	S	A	Z	X	Ă	E	O	Z	T	E	O
J	I	R	O	L	U	I	Ţ	N	Ţ	N	A	M	I
C	F	O	A	P	T	T	Y	T	X	A	T	U	R
B	E	H	R	R	M	K	R	E	O	Ţ	E	A	H
L	N	A	E	P	O	L	E	N	F	R	U	C	T
Z	E	K	R	R	E	G	I	N	Ă	F	K	Ţ	S
Q	B	Y	J	Ă	T	C	E	S	N	I	P	Q	V

BENEFIC
DIVERSITATE
ECOSISTEM
FLORI
ALIMENTE
FRUCT
GRĂDINĂ
HABITAT
STUP
MIERE
INSECTĂ
PLANTE
POLEN
POLENIZATOR
REGINĂ
FUM
SOARE
ROI
CEARĂ
ARIPI

24 - Weather

F	B	J	P	D	V	Ă	D	A	N	R	O	T	D
B	U	N	M	M	G	N	G	T	A	M	I	L	C
T	R	R	A	L	O	P	H	M	K	O	F	U	V
C	E	I	T	N	Â	V	E	O	X	C	U	R	Z
N	C	C	Z	U	V	L	A	S	Z	U	L	J	B
E	P	W	Q	Ă	N	J	Ț	F	H	R	G	W	K
Z	S	C	K	T	P	Ă	Ă	E	O	C	E	Ţ	Y
X	Ţ	Ţ	R	E	Ţ	N	C	R	N	U	R	D	Y
V	Y	T	A	C	S	U	O	Ă	X	B	L	T	R
F	Z	L	Y	E	T	W	M	R	R	E	H	U	N
K	B	F	B	S	C	E	A	Ț	Ă	U	A	N	Y
T	I	U	R	A	G	A	N	O	S	U	M	E	D
T	E	M	P	E	R	A	T	U	R	A	E	T	R
T	R	O	P	I	C	A	L	E	Z	Y	I	X	V

ATMOSFERĂ
BRIZĂ
CLIMAT
NOR
SECETĂ
USCAT
CEAȚĂ
URAGAN
GHEAȚĂ
FULGER
MUSON
POLAR
CURCUBEU
CER
FURTUNĂ
TEMPERATURA
TUNET
TORNADĂ
TROPICALE
VÂNT

25 - Adventure

P	Y	E	D	E	N	T	U	Z	I	A	S	M	J
R	F	T	I	A	C	T	I	V	I	T	A	T	E
E	S	A	F	N	V	X	O	N	O	U	J	G	Q
G	I	T	I	Ş	E	R	A	G	I	V	A	N	Z
Ă	G	I	C	S	A	T	H	Y	Ţ	I	R	S	D
T	U	N	U	V	D	N	E	D	Ţ	Q	U	S	S
I	R	U	L	G	H	J	S	I	B	C	C	R	B
R	A	T	T	Y	Z	C	P	Ă	R	G	L	W	U
E	N	R	A	R	E	N	I	T	I	P	Q	Y	C
A	Ț	O	T	F	R	U	M	U	S	E	Ț	E	U
M	Ă	P	E	P	E	R	I	C	U	L	O	S	R
G	B	O	D	E	S	T	I	N	A	Ţ	I	E	I
E	X	C	U	R	S	I	E	A	B	C	W	Q	E
N	A	T	U	R	Ă	E	W	E	I	W	O	R	Ţ

ACTIVITATE
FRUMUSEȚE
CURAJ
ŞANSĂ
PERICULOS
DESTINAŢIE
DIFICULTATE
ENTUZIASM
EXCURSIE
PRIETENI
ITINERAR
BUCURIE
NATURĂ
NAVIGARE
NOU
OPORTUNITATE
PREGĂTIREA
SIGURANȚĂ

26 - Circus

S	O	L	U	C	A	T	C	E	P	S	Y	P	L
J	O	G	R	W	M	Ţ	P	L	F	H	M	B	X
A	O	R	O	T	A	T	C	E	P	S	O	I	L
N	M	N	Z	C	P	X	R	F	N	A	F	M	M
I	K	G	G	V	A	M	H	A	J	V	G	A	A
M	Q	K	E	L	I	Y	U	N	Q	F	O	P	G
A	N	S	R	Z	E	A	R	T	S	I	D	L	I
L	U	B	H	E	X	R	G	R	L	G	Z	O	C
E	J	T	R	U	C	M	I	O	O	E	F	I	I
P	A	R	A	D	Ă	T	T	C	E	Ţ	U	Z	A
M	U	Z	I	C	Ă	Ţ	U	M	I	A	M	P	N
A	C	R	O	B	A	T	U	W	G	Z	N	Z	B
M	U	B	A	L	O	A	N	E	A	T	Ţ	I	L
S	C	S	P	C	O	S	T	U	M	J	D	Z	R

ACROBAT
ANIMALE
BALOANE
CLOVN
COSTUM
ELEFANT
DISTRA
JONGLER
LEU
MAGIE
MAGICIAN
MAIMUŢĂ
MUZICĂ
PARADĂ
SPECTACULOS
SPECTATOR
CORT
TIGRU
TRUC

27 - Restaurant #2

S	S	I	X	O	U	Ă	A	L	Q	U	M	R	D
A	A	G	E	T	N	E	M	I	D	N	O	C	E
L	R	U	M	T	B	K	P	N	P	J	J	A	L
A	E	G	U	R	Ş	R	N	G	P	F	U	H	I
T	W	F	G	V	C	E	R	U	F	P	G	E	C
Ă	C	A	E	Z	A	N	P	R	P	R	L	L	I
B	J	C	L	C	P	L	H	Ă	R	M	U	U	O
S	C	A	U	N	E	E	A	R	X	E	K	C	S
P	B	N	T	Y	R	H	X	U	U	X	Z	W	T
C	M	I	O	P	I	C	E	T	F	U	R	C	Ă
S	W	C	R	T	T	C	D	U	A	P	Ă	Ţ	P
O	U	P	T	K	I	R	Z	Ă	P	R	Â	N	Z
Ţ	P	P	E	K	V	A	J	B	J	F	R	Y	S
W	F	G	Ă	Ț	A	E	H	G	N	O	Q	J	B

APERITIV
BĂUTURĂ
TORT
SCAUN
DELICIOS
CINA
OUĂ
PEŞTE
FURCĂ
FRUCT
GHEAȚĂ
PRÂNZ
SALATĂ
SARE
SUPĂ
CONDIMENTE
LINGURĂ
LEGUME
CHELNER
APĂ

28 - Geology

C	Ă	A	C	I	D	L	F	G	J	A	G	V	N
E	R	C	S	T	W	A	S	P	L	A	T	O	U
R	T	I	O	M	C	V	T	C	I	J	N	Ț	C
O	A	J	S	R	U	Ă	R	I	S	Y	E	R	U
Z	I	D	F	T	A	I	A	C	O	R	N	A	T
I	P	P	K	I	A	L	T	L	F	V	I	U	R
U	Ţ	C	O	T	F	L	R	U	C	H	T	C	E
N	C	A	L	C	I	U	E	R	A	S	N	A	M
E	E	Z	D	A	A	S	Z	I	V	T	O	V	U
Q	E	F	Q	L	C	Q	I	A	U	V	C	E	R
B	Z	Z	O	A	D	Z	E	E	L	A	Y	R	E
P	B	X	V	T	F	W	H	X	C	D	M	N	Z
K	M	X	A	S	C	D	G	D	A	L	H	Ă	X
M	I	N	E	R	A	L	E	C	N	D	P	X	J

ACID
CALCIU
CAVERNĂ
CONTINENT
CORAL
CRISTALE
CICLURI
CUTREMUR
EROZIUNE
FOSIL
GHEIZER
LAVĂ
STRAT
MINERALE
PLATOU
CUARȚ
SARE
STALACTIT
PIATRĂ
VULCAN

29 - House

F	T	Ă	C	E	T	O	I	L	B	I	B	V	N
L	J	A	R	A	G	W	E	W	U	G	M	A	S
H	A	H	P	U	K	K	H	R	C	M	A	T	V
L	N	M	S	O	T	H	C	J	Ă	N	N	R	H
T	V	I	P	O	D	Ă	Z	A	T	F	S	Ă	R
S	I	C	J	Ă	G	E	M	C	Ă	F	A	J	D
G	R	Ă	D	I	N	Ă	A	O	R	E	R	V	L
C	E	L	C	Q	N	X	Y	P	I	R	D	H	N
T	I	R	V	Ţ	T	B	M	E	E	E	Ă	Ș	U
T	L	P	E	R	E	T	E	R	Ţ	A	R	O	K
V	I	R	P	F	I	N	B	I	Ţ	S	E	G	C
F	B	D	R	A	G	Z	U	Ș	Z	T	M	D	E
S	O	U	P	E	R	D	E	L	E	R	A	G	S
G	M	Ș	O	G	L	I	N	D	Ă	Ă	C	N	G

MANSARDĂ
MĂTURĂ
PERDELE
UȘĂ
GARD
VATRĂ
PODEA
MOBILIER
GARAJ
GRĂDINĂ
CHEI
BUCĂTĂRIE
LAMPĂ
BIBLIOTECĂ
OGLINDĂ
ACOPERIȘ
CAMERĂ
DUȘ
PERETE
FEREASTRĂ

30 - Physics

M	S	I	T	E	N	G	A	M	O	T	A	P	J
F	O	P	A	R	T	I	C	U	L	Ă	B	U	V
O	N	L	M	L	P	Z	Z	M	O	T	O	R	W
R	U	R	E	E	X	P	A	N	S	I	U	N	E
M	C	Q	T	C	R	N	G	N	W	N	H	K	R
U	L	W	A	M	U	R	W	G	F	O	R	C	A
L	E	Y	T	I	A	L	Z	R	L	R	C	K	R
Ă	A	L	I	B	Z	S	Ă	Z	E	T	I	V	E
G	R	O	S	O	A	H	Ă	X	F	C	M	P	L
D	Ă	Ț	N	E	V	C	E	R	F	E	I	W	E
S	I	Z	E	V	Y	X	R	H	J	L	H	X	C
T	P	A	D	P	K	Ţ	P	G	G	E	C	I	C
R	E	L	A	T	I	V	I	T	A	T	E	Ţ	A
Ţ	T	C	M	E	C	A	N	I	C	A	H	N	B

ACCELERARE
ATOM
HAOS
CHIMIC
DENSITATE
ELECTRON
MOTOR
EXPANSIUNE
FORMULĂ
FRECVENȚĂ
GAZ
MAGNETISM
MASĂ
MECANICA
MOLECULĂ
NUCLEAR
PARTICULĂ
RELATIVITATE
VITEZĂ

31 - Shapes

H	X	O	T	R	I	U	N	G	H	I	F	G	R
P	I	H	V	M	A	R	G	I	N	I	W	X	H
Ă	B	P	T	A	S	E	L	V	F	B	G	B	W
T	A	P	E	I	L	K	I	F	S	F	E	R	Ă
R	F	K	J	R	Ă	C	N	C	A	D	C	P	S
A	C	H	R	A	B	B	I	X	P	R	U	A	P
T	O	Y	H	W	R	O	A	X	I	E	B	R	I
H	L	Y	J	L	U	H	L	Ţ	R	P	R	T	L
R	Ț	C	E	R	C	X	J	Ă	A	T	C	E	E
A	A	Y	Ţ	V	X	H	R	Ţ	M	U	W	O	F
D	R	M	Q	F	X	Ţ	F	S	I	N	O	R	N
Ţ	C	P	O	L	I	G	O	N	D	G	Ţ	G	Ţ
C	I	L	I	N	D	R	U	E	Ă	H	V	X	S
T	Y	N	J	H	J	C	Ă	M	S	I	R	P	E

ARC
CERC
CON
COLȚ
CUB
CURBĂ
CILINDRU
MARGINI
ELIPSĂ
HIPERBOLĂ
LINIA
OVAL
POLIGON
PRISMĂ
PIRAMIDĂ
DREPTUNGHI
PARTE
SFERĂ
PĂTRAT
TRIUNGHI

32 - Scientific Disciplines

B	N	O	E	H	G	X	Q	S	P	I	K	L	T
E	I	M	I	H	C	C	S	O	P	N	I	I	E
I	E	O	A	C	I	N	A	C	E	M	N	N	R
P	M	P	L	I	K	I	A	I	I	N	E	G	M
S	S	U	Q	O	J	E	Q	O	G	E	T	V	O
G	D	I	N	W	G	H	Q	L	O	U	O	I	D
E	K	I	H	O	X	I	T	O	L	R	T	S	I
O	U	A	J	O	L	X	E	G	O	O	E	T	N
L	P	S	Ţ	J	L	O	J	I	C	L	R	I	A
O	B	U	Y	E	V	O	G	E	E	O	A	C	M
G	N	T	D	X	C	A	G	I	H	G	P	Ă	I
I	Z	F	H	R	P	N	R	I	E	I	I	Q	C
E	I	M	I	H	C	O	I	B	E	E	E	W	Ă
M	I	N	E	R	A	L	O	G	I	E	G	W	P

BIOCHIMIE
BIOLOGIE
CHIMIE
ECOLOGIE
GEOLOGIE
IMUNOLOGIE
KINETOTERAPIE
LINGVISTICĂ
MECANICA
MINERALOGIE
NEUROLOGIE
PSIHOLOGIE
SOCIOLOGIE
TERMODINAMICĂ

33 - Science

I	N	N	A	N	D	M	O	H	C	M	E	M	Z
J	P	P	R	A	V	P	S	Z	H	O	X	I	F
M	J	E	R	T	H	R	J	E	I	L	P	N	J
M	E	I	Ţ	U	L	O	V	E	M	E	E	E	H
E	T	Ț	C	R	A	T	O	M	I	C	R	R	B
T	N	A	S	Ă	R	A	P	B	C	U	I	A	I
O	A	T	M	K	O	R	D	A	C	L	M	L	P
D	L	I	S	O	F	O	C	A	F	E	E	E	O
Ă	P	V	I	F	T	B	G	D	T	X	N	F	T
C	D	A	N	T	J	A	R	E	V	E	T	G	E
I	J	R	A	O	H	L	M	Q	V	S	N	V	Z
Z	N	G	G	P	A	R	T	I	C	U	L	E	Ă
I	H	I	R	D	F	V	K	P	L	N	Ţ	R	F
F	N	I	O	O	I	P	Q	O	T	C	N	M	I

ATOM
CHIMIC
CLIMAT
DATE
EVOLUŢIE
EXPERIMENT
FAPT
FOSIL
GRAVITAȚIE
IPOTEZĂ
LABORATOR
METODĂ
MINERALE
MOLECULE
NATURĂ
ORGANISM
PARTICULE
FIZICĂ
PLANTE

34 - Beauty

E	L	E	G	A	N	Ț	Ă	D	N	I	L	G	O
L	I	E	C	E	F	R	A	O	F	M	C	G	A
C	L	W	M	S	E	W	Q	T	M	E	I	R	X
U	S	T	E	I	G	X	S	N	K	W	N	D	C
B	I	O	K	J	R	G	R	A	Ţ	I	E	C	X
C	U	L	O	A	R	E	F	G	O	I	G	O	B
M	A	C	H	I	A	J	M	E	Y	C	O	S	O
U	K	E	O	U	Ș	B	J	L	E	I	T	M	S
F	R	M	I	H	L	A	R	E	S	V	O	E	T
R	G	R	S	Y	R	E	M	Ţ	U	R	F	T	I
A	N	A	O	T	U	L	I	P	D	E	N	I	L
P	M	F	C	A	J	E	Y	U	O	S	I	C	I
X	N	Ţ	C	C	W	I	U	N	R	N	G	E	S
O	W	O	V	L	S	P	O	Y	P	I	G	R	T

FARMEC
CULOARE
COSMETICE
BUCLE
ELEGANȚĂ
ELEGANT
PARFUM
GRAŢIE
RUJ
MACHIAJ
RIMEL
OGLINDĂ
ULEIURI
FOTOGENIC
PRODUSE
FOARFECE
SERVICII
ȘAMPON
PIELE
STILIST

35 - Clothes

Q	D	U	J	M	P	A	N	W	S	H	P	X	C
M	Z	O	P	Ă	L	Ă	R	I	E	A	I	Ţ	Ă
B	X	C	P	Ţ	L	S	P	I	F	I	J	D	M
E	Ș	A	R	F	Ă	A	A	R	U	N	A	C	A
B	P	S	I	O	U	N	N	E	S	A	M	U	Ş
M	L	R	N	C	N	D	T	T	T	J	A	R	Ă
G	O	U	S	Y	G	A	A	U	A	E	X	E	F
H	R	D	Z	W	R	L	L	J	L	H	I	A	Z
Ţ	S	P	Ă	Ă	C	E	O	I	Ș	U	N	Ă	M
B	R	Ă	Ț	A	R	Ă	N	B	G	Ş	O	R	Ţ
R	O	C	H	I	E	C	I	Ţ	V	U	C	S	U
K	K	R	C	P	A	N	T	O	F	I	L	Q	M
P	U	L	O	V	E	R	F	H	B	W	K	B	K
S	I	W	W	K	Ţ	E	Y	S	A	Ţ	J	K	A

ŞORŢ
CUREA
BLUZĂ
BRĂȚARĂ
HAINA
ROCHIE
MODĂ
MĂNUȘI
PĂLĂRIE
SACOU
BLUGI
BIJUTERII
PIJAMA
PANTALONI
SANDALE
EȘARFĂ
CĂMAȘĂ
PANTOF
FUSTA
PULOVER

36 - Ethics

R	Y	E	S	J	J	Q	Z	C	K	Q	X	U	I
E	Ă	X	C	M	S	I	M	I	T	P	O	M	N
T	C	B	C	C	R	R	I	T	A	B	O	A	D
A	O	X	D	T	W	L	X	A	I	I	S	N	I
T	R	L	A	A	T	G	P	M	F	N	O	I	V
I	E	U	E	L	R	C	X	O	I	E	U	T	I
R	A	N	X	R	U	E	X	L	L	V	T	A	D
G	L	J	E	R	A	R	E	P	O	O	C	T	U
E	I	I	C	V	L	N	J	I	Z	I	E	E	A
T	S	X	O	B	T	I	Ț	D	O	T	P	T	L
N	M	U	R	V	T	F	X	Ă	F	O	S	E	I
I	B	U	N	Ă	T	A	T	E	I	R	E	Ț	S
X	R	E	T	A	T	I	N	M	E	D	R	Q	M
R	A	Ț	I	O	N	A	L	I	T	A	T	E	B

BINEVOITOR
COOPERARE
DEMNITATE
DIPLOMATIC
UMANITATE
INDIVIDUALISM
INTEGRITATE
BUNĂTATE
OPTIMISM
RĂBDARE
FILOZOFIE
RAȚIONALITATE
REALISM
RESPECTUOS
TOLERANȚĂ

37 - Astronomy

L	A	R	A	D	I	A	Ț	I	E	F	Ţ	W	T
U	N	S	Z	A	Q	L	U	N	A	Q	N	Z	U
J	K	R	T	P	D	Z	O	D	I	A	C	X	A
L	B	A	D	R	I	Y	N	D	X	T	C	F	N
S	E	C	Ă	V	O	N	R	E	P	U	S	H	O
E	C	H	T	W	R	N	M	E	T	E	O	R	R
C	E	E	E	S	E	Y	O	P	Ă	M	Â	N	T
L	R	T	N	A	T	L	C	M	F	U	V	Ţ	S
I	A	Ă	A	T	S	P	T	C	Ţ	O	X	M	A
P	Z	M	L	E	A	A	J	Z	O	N	B	H	G
S	C	Y	P	L	I	Q	X	Q	X	S	H	S	M
Ă	Q	T	E	I	X	A	L	A	G	Z	M	B	Y
S	T	R	O	T	A	V	R	E	S	B	O	O	K
N	E	B	U	L	O	A	S	Ă	L	R	G	W	S

ASTEROID
ASTRONAUT
ASTRONOM
COSMOS
PĂMÂNT
ECLIPSĂ
GALAXIE
METEOR
LUNA
NEBULOASĂ
OBSERVATOR
PLANETĂ
RADIAȚIE
RACHETĂ
SATELIT
CER
SUPERNOVĂ
ZODIAC

38 - Health and Wellness #2

C	X	A	L	A	O	B	Ţ	D	C	U	C	A	D
W	E	P	E	A	T	Ţ	E	I	G	R	E	N	E
G	T	E	R	A	R	E	P	U	C	E	R	A	S
L	A	T	I	P	S	O	T	Ă	N	Ă	S	T	H
O	T	I	I	G	V	P	J	X	O	C	N	O	I
M	U	T	R	H	R	F	F	L	G	C	U	M	D
R	E	N	O	K	X	E	G	N	Â	S	T	I	R
N	R	D	L	D	Q	Z	L	L	T	F	R	E	A
F	G	B	A	L	D	M	N	A	X	M	I	K	T
O	D	Ă	C	I	T	E	N	E	G	A	Ț	E	A
I	N	F	E	C	Ţ	I	E	Q	Ţ	S	I	M	R
S	T	R	E	S	L	Ţ	P	C	E	A	E	Y	E
V	I	T	A	M	I	N	Ă	Z	R	J	F	B	P
M	H	U	D	I	E	T	Ă	N	E	I	G	I	K

ALERGIE
ANATOMIE
APETIT
SÂNGE
CALORII
DESHIDRATARE
DIETĂ
BOALA
ENERGIE
GENETICĂ
SĂNĂTOS
SPITAL
IGIENĂ
INFECŢIE
MASAJ
NUTRIȚIE
RECUPERARE
STRES
VITAMINĂ
GREUTATE

39 - Time

S	T	M	Z	T	V	S	I	Z	Ţ	I	U	S	Ţ
Y	H	U	A	Q	A	A	E	G	B	D	R	Ă	L
T	X	Z	N	X	I	E	T	C	O	R	Ă	P	R
K	L	I	U	I	L	C	N	A	O	Q	F	T	W
H	Ă	Z	A	I	M	A	I	F	K	L	R	Ă	V
V	N	A	L	E	T	P	A	O	N	H	A	M	I
A	U	Q	Ă	Ţ	A	E	N	I	M	I	D	Â	I
C	L	Ţ	C	C	V	C	Î	W	Ţ	K	N	N	T
U	I	N	E	C	E	D	U	Y	A	S	E	Ă	O
M	D	E	V	R	E	M	E	R	A	N	L	W	R
Y	X	Y	T	C	R	X	S	O	Â	F	A	M	S
I	Y	V	Z	Ţ	C	T	A	Ţ	J	N	C	F	O
N	J	K	X	Ţ	M	O	K	I	B	E	D	E	Ţ
K	Z	N	V	F	M	P	B	O	K	G	Y	I	A

ANUAL
ÎNAINTE
CALENDAR
SECOL
CEAS
ZI
DECENIU
DEVREME
VIITOR
ORĂ
MINUT
LUNĂ
DIMINEAŢĂ
NOAPTE
AMIAZĂ
ACUM
CURÂND
AZI
SĂPTĂMÂNĂ
AN

40 - Buildings

L	S	O	B	S	E	R	V	A	T	O	R	H	Q
A	D	U	S	T	N	Ă	D	A	S	A	B	M	A
B	L	C	P	N	P	E	N	S	I	U	N	E	K
O	V	A	M	E	N	I	C	I	K	N	R	I	X
R	H	S	C	M	R	S	S	X	B	I	U	L	S
A	O	T	I	A	A	M	T	L	Q	A	T	S	Ş
T	T	E	Y	T	B	A	A	A	G	F	C	T	C
O	E	L	S	R	M	C	P	R	D	A	K	D	O
R	L	J	B	A	A	L	L	Ţ	K	I	A	B	A
Q	Y	V	Z	P	H	U	E	U	K	E	O	C	L
H	T	F	A	A	T	E	A	T	R	U	T	N	Ă
N	C	Ţ	N	T	R	Z	F	A	B	R	I	C	Ă
D	I	L	S	R	O	U	I	B	P	M	P	S	Y
I	J	X	S	D	C	M	S	P	I	T	A	L	F

APARTAMENT
HAMBAR
CABINĂ
CASTEL
CINEMA
AMBASADĂ
FABRICĂ
SPITAL
PENSIUNE
HOTEL
LABORATOR
MUZEU
OBSERVATOR
ŞCOALĂ
STADION
SUPERMARKET
CORT
TEATRU
TURN

41 - Philanthropy

P	J	P	R	O	G	R	A	M	E	G	U	O	P
F	R	F	O	N	D	U	R	I	E	M	I	C	R
P	I	O	N	E	V	O	I	E	U	B	S	O	C
S	P	N	V	E	T	E	R	E	N	I	T	P	O
Y	U	Z	A	O	S	I	N	E	M	A	O	I	N
K	B	L	S	N	C	U	K	T	T	M	R	I	T
J	L	H	S	X	Ţ	Ă	Q	A	C	H	I	D	A
M	I	V	N	V	O	A	R	T	J	O	E	Q	C
I	C	V	X	E	T	A	T	I	N	A	M	U	T
S	E	T	A	T	I	Z	O	R	E	N	E	G	E
I	G	R	U	P	U	R	I	A	R	J	Ţ	H	D
U	G	L	O	B	A	L	V	C	G	R	B	Z	R
N	O	N	E	S	T	I	T	A	T	E	P	F	I
E	L	E	V	I	T	C	E	I	B	O	A	D	I

PROVOCĂRI
CARITATE
COPII
CONTACTE
FINANŢA
FONDURI
GENEROZITATE
GLOBAL
OBIECTIVELE
GRUPURI
ISTORIE
ONESTITATE
UMANITATE
MISIUNE
NEVOIE
OAMENI
PROGRAME
PUBLIC
TINERET

42 - Herbalism

V	M	Q	T	U	C	W	R	W	F	H	S	S	P
R	A	N	I	L	U	C	I	F	E	N	E	B	Ă
O	G	I	O	T	I	Ă	N	I	D	Ă	R	G	T
R	H	P	R	A	E	D	R	E	V	V	Ă	I	R
E	I	J	U	R	D	N	O	M	E	N	T	Ă	U
G	R	N	T	H	H	A	Z	D	R	P	N	M	N
A	A	B	S	O	J	V	M	A	A	Y	A	O	J
N	N	L	U	N	D	A	A	R	O	B	L	R	E
O	X	X	C	S	M	L	R	O	L	B	P	A	L
Z	B	K	W	E	U	T	I	M	F	S	I	L	Ţ
R	J	R	V	G	I	I	N	A	R	F	O	Ș	Ţ
F	E	N	I	C	U	L	O	T	M	U	V	Z	W
F	B	J	L	D	J	Z	E	C	K	X	P	Y	R
I	N	G	R	E	D	I	E	N	T	D	R	E	Q

AROMAT
BUSUIOC
BENEFIC
CULINAR
FENICUL
AROMĂ
FLOARE
GRĂDINĂ
USTUROI
VERDE
INGREDIENT
LAVANDĂ
MAGHIRAN
MENTĂ
OREGANO
PĂTRUNJEL
PLANTĂ
ROZMARIN
ȘOFRAN
TARHON

43 - Vehicles

A	A	S	C	U	T	E	R	T	B	J	X	H	A
M	N	O	I	M	A	C	N	M	A	W	J	M	U
B	V	D	L	C	X	V	X	B	O	X	C	A	T
U	E	H	M	Ţ	Y	O	I	W	W	K	I	Ș	O
L	L	Ă	C	E	G	V	P	O	X	L	E	I	B
A	O	I	T	P	L	U	T	Ă	N	C	L	N	U
N	P	A	S	E	L	A	Y	Ă	M	N	I	Ă	Z
Ț	E	Q	U	J	L	W	A	T	G	A	C	M	T
Ă	O	C	B	L	V	C	I	E	F	V	O	E	R
C	Z	U	M	H	S	Ţ	I	H	F	E	P	T	A
O	Ă	N	A	V	A	R	A	C	Ţ	T	T	R	C
X	I	Ţ	R	H	M	Z	W	A	I	Ă	E	O	T
K	Z	X	I	M	O	T	O	R	A	B	R	U	O
B	A	C	N	B	A	R	C	Ă	J	E	O	N	R

AVION
AMBULANȚĂ
BICICLETĂ
BARCĂ
AUTOBUZ
MAȘINĂ
CARAVANĂ
BAC
ELICOPTER
MOTOR
PLUTĂ
RACHETĂ
SCUTER
NAVETĂ
SUBMARIN
METROU
TAXI
ANVELOPE
TRACTOR
CAMION

44 - Health and Wellness #1

N	O	S	X	T	O	J	A	B	P	A	D	T	T
U	E	R	A	X	A	L	E	R	P	Y	O	E	R
P	Ă	R	U	T	C	A	R	F	P	X	C	R	A
V	I	D	V	I	N	O	M	R	O	H	T	A	T
I	H	E	V	I	T	C	A	O	V	E	O	P	A
R	C	S	L	R	F	C	H	A	B	M	R	I	M
U	Ș	A	X	E	L	F	E	R	M	I	A	E	E
S	U	O	S	T	W	W	S	T	E	Ţ	C	X	N
Y	M	T	S	C	H	F	A	M	D	L	I	E	T
N	E	I	C	A	M	R	A	F	I	Ă	N	Ţ	I
G	Z	F	K	B	R	A	Ţ	O	C	N	I	D	F
F	O	A	M	E	I	X	M	V	I	Î	L	O	Z
L	E	Q	C	S	H	O	S	H	N	E	C	O	H
M	X	M	O	W	K	I	D	A	Ă	I	U	A	B

ACTIV
BACTERII
OASE
CLINICA
DOCTOR
FRACTURĂ
OBICEI
ÎNĂLŢIME
HORMONI
FOAME

MEDICINĂ
MUȘCHI
NERVI
FARMACIE
REFLEX
RELAXARE
PIELE
TERAPIE
TRATAMENT
VIRUS

45 - Town

F	U	Z	B	M	L	E	T	O	H	O	F	B	M
O	A	H	A	N	D	L	E	G	B	V	N	I	A
H	C	R	I	M	X	K	K	A	R	H	R	B	G
C	E	A	M	Ţ	S	P	R	L	U	L	M	L	A
J	I	Ă	Ț	A	I	P	A	E	T	S	A	I	Z
G	R	N	U	S	C	G	M	R	Ă	T	E	O	I
A	Ă	I	E	Q	A	I	R	I	R	A	R	T	N
E	R	Ţ	Z	M	A	R	E	E	I	D	O	E	P
N	B	M	U	X	A	Ş	P	K	E	I	P	C	A
E	I	U	M	Z	Z	C	U	K	B	O	O	Ă	B
F	L	O	R	A	R	O	S	V	E	N	R	C	G
A	G	H	W	A	F	A	H	Z	P	T	T	N	N
C	A	C	I	N	I	L	C	M	B	Y	I	A	D
T	E	A	T	R	U	Ă	E	N	Q	A	X	B	Q

AEROPORT
BRUTĂRIE
BANCĂ
LIBRĂRIE
CAFENEA
CINEMA
CLINICA
FLORAR
GALERIE
HOTEL
BIBLIOTECĂ
PIAȚĂ
MUZEU
FARMACIE
ŞCOALĂ
STADION
MAGAZIN
SUPERMARKET
TEATRU

46 - Antarctica

A	X	G	H	T	Ș	D	W	Z	T	O	M	M	K
P	A	H	R	U	T	N	E	N	I	T	N	O	C
Ă	F	E	S	E	I	F	A	R	G	O	E	G	C
T	Q	Ț	Q	R	I	D	I	Q	A	Z	I	T	E
Y	G	A	J	A	N	D	E	C	R	Y	Ț	E	R
P	T	R	B	V	Ț	N	K	M	Z	E	A	M	C
C	E	I	E	R	I	R	Ă	S	Ă	P	R	P	E
N	L	N	M	E	F	C	D	X	Ă	Ţ	G	E	T
X	U	T	I	S	I	Ţ	O	B	Ț	C	I	R	Ă
Ţ	S	X	R	N	C	D	J	V	A	L	M	A	T
Z	N	W	O	O	S	K	A	Q	E	Z	Q	T	O
J	I	F	N	C	F	U	Z	I	H	O	L	U	R
T	F	D	D	Ţ	B	F	L	O	G	Z	B	R	E
S	T	Â	N	C	O	S	V	Ă	W	Z	S	A	Ţ

GOLF
PĂSĂRI
NORI
CONSERVARE
CONTINENT
COVE
MEDIU
GEOGRAFIE
GHEȚARI
GHEAȚĂ
INSULE
MIGRAȚIE
PENINSULĂ
CERCETĂTOR
STÂNCOS
ȘTIINȚIFIC
TEMPERATURA
APĂ

47 - Ballet

A	S	U	W	K	E	X	P	R	E	S	I	V	B
P	Q	W	Ă	C	Ţ	Ţ	C	O	R	M	I	M	A
L	H	J	C	I	H	R	O	R	A	U	Ț	U	L
A	E	R	I	T	M	I	M	C	N	Ș	C	Z	E
U	I	B	T	S	Y	V	P	H	Â	C	E	I	R
Z	F	N	C	I	I	I	O	E	M	H	L	C	I
E	A	B	A	T	H	R	Z	S	E	I	Y	Ă	N
H	R	Ţ	R	R	M	O	I	T	D	R	B	G	Ă
B	G	H	P	A	N	T	T	R	N	P	S	E	P
E	E	B	D	L	M	A	O	Ă	Î	B	G	S	U
G	R	A	Ț	I	O	S	R	J	V	F	B	T	B
Ţ	O	I	N	T	E	N	S	I	T	A	T	E	L
X	C	Z	W	S	X	A	M	D	F	Ţ	F	G	I
C	P	Y	Z	J	X	D	J	P	N	C	J	J	C

APLAUZE
ARTISTIC
PUBLIC
BALERINĂ
COREGRAFIE
COMPOZITOR
DANSATORI
EXPRESIV
GEST
GRAȚIOS
INTENSITATE
LECȚII
MUȘCHI
MUZICĂ
ORCHESTRĂ
PRACTICĂ
RITM
ÎNDEMÂNARE
STIL

48 - Fashion

P	M	U	C	S	Î	S	S	C	C	B	M	T	M
R	R	I	Q	Z	M	P	T	D	E	U	L	E	I
A	A	U	Y	M	B	R	I	I	V	T	B	N	N
C	L	E	K	Ă	R	D	L	E	D	O	M	D	I
T	I	A	M	R	Ă	B	A	V	H	A	T	I	M
I	B	W	Ă	U	C	S	R	N	J	N	S	N	A
C	A	N	R	T	Ă	R	X	O	T	E	I	Ţ	L
R	T	A	U	X	M	V	F	H	D	E	X	Ă	I
M	R	X	T	E	I	P	L	O	Ţ	E	L	Q	S
B	O	Ţ	Ă	T	N	A	G	E	L	E	R	Ă	T
U	F	D	S	U	T	S	E	D	O	M	R	I	T
T	N	Z	E	Z	E	Q	H	L	A	Y	C	L	E
I	O	C	Ț	R	A	C	C	E	S	I	B	I	L
C	C	W	L	A	N	I	G	I	R	O	E	Z	W

ACCESIBIL
BUTIC
BUTOANE
ÎMBRĂCĂMINTE
CONFORTABIL
ELEGANT
BRODERIE
SCUMP
ȚESĂTURĂ
DANTELĂ
MINIMALIST
MODERN
MODEST
ORIGINAL
MODEL
PRACTIC
STIL
TEXTURĂ
TENDINŢĂ

49 - Human Body

T	E	A	L	G	F	A	L	C	Ă	N	Â	M	N
O	N	O	E	G	M	P	L	J	M	D	T	V	C
F	W	I	T	N	U	V	I	E	I	B	R	Ă	B
T	U	Q	W	Y	E	G	U	C	N	B	J	U	G
D	Y	C	F	N	W	Â	R	E	I	E	R	C	E
N	G	V	L	C	B	T	I	R	E	O	L	G	N
O	R	N	A	S	S	Â	N	G	E	B	R	L	U
K	A	F	A	Ț	Ă	P	W	C	H	K	Ă	E	N
O	U	S	P	Ţ	L	G	G	O	C	Z	M	Z	C
A	Q	T	E	G	E	D	U	T	E	L	U	N	H
T	T	W	P	I	R	G	R	A	R	Y	X	Ă	I
I	H	T	C	U	N	O	Ă	X	U	E	H	H	Z
M	D	J	M	A	P	I	E	L	E	B	R	U	G
Q	L	V	F	D	P	J	A	R	Q	S	W	P	K

GLEZNĂ
SÂNGE
OASE
CREIER
BĂRBIE
URECHE
COT
FAȚĂ
DEGET
MÂNĂ
CAP
INIMĂ
FALCĂ
GENUNCHI
PICIOR
GURĂ
GÂT
NAS
UMĂR
PIELE

50 - Musical Instruments

T	T	D	N	F	Y	Q	S	Y	V	Y	Q	K	P
U	A	R	S	K	R	T	F	Y	A	B	P	S	E
D	Y	M	O	C	L	A	R	I	N	E	T	A	R
C	O	Ă	B	M	T	R	O	M	B	O	N	X	C
P	H	N	N	U	P	W	N	J	F	N	Z	O	U
I	O	I	X	O	R	E	N	A	P	O	C	F	Ţ
A	B	L	T	B	K	I	T	S	P	R	Ţ	O	I
N	O	O	Y	A	I	C	N	Ă	B	O	T	N	E
F	I	D	G	P	R	K	D	Ă	F	A	G	O	T
L	Z	N	Z	P	Ţ	Ă	B	A	N	J	O	G	H
A	G	A	V	I	O	L	O	N	C	E	L	O	A
U	W	M	P	V	I	O	A	R	Ă	E	O	N	R
T	W	S	I	S	W	E	N	S	J	E	I	G	P
M	A	R	I	M	B	A	Y	Y	W	Ţ	H	N	Ă

BANJO
FAGOT
VIOLONCEL
CLARINET
TOBĂ
COPANE
FLAUT
GONG
CHITARĂ
HARPĂ
MANDOLINĂ
MARIMBA
OBOI
PERCUŢIE
PIAN
SAXOFON
TAMBURINĂ
TROMBON
TROMPETĂ
VIOARĂ

51 - Fruit

B	S	G	B	F	J	A	Y	A	P	A	P	J	V
C	Ă	J	X	I	G	D	F	Q	N	A	I	A	T
P	R	Y	M	G	Ţ	M	C	A	B	A	R	F	E
Z	U	Ă	S	T	R	U	G	U	R	I	N	Ă	R
N	E	C	T	A	R	I	N	Ă	N	A	N	A	B
V	M	I	K	I	W	I	Y	S	W	U	S	S	S
H	Z	S	C	I	R	E	A	Ș	Ă	I	F	D	G
B	U	R	I	L	Ă	M	Â	I	E	M	Ă	R	U
Q	H	E	E	N	M	A	N	G	O	Q	L	E	A
V	B	I	C	P	E	P	E	N	E	V	Y	U	V
U	N	P	W	Ţ	N	U	O	D	A	C	O	V	A
N	U	C	Ă	D	E	C	O	C	O	S	F	R	Q
Y	D	M	D	L	E	W	O	G	O	U	I	T	M
D	G	M	C	A	I	S	Ă	C	A	B	T	V	W

MĂR
CAISĂ
AVOCADO
BANANĂ
BACĂ
CIREAȘĂ
NUCĂ DE COCOS
FIG
STRUGURI
GUAVA
KIWI
LĂMÂIE
MANGO
PEPENE
NECTARINĂ
PAPAYA
PIERSICĂ
PARĂ
ANANAS
ZMEURĂ

52 - Virtues #1

P	C	I	T	S	I	T	R	A	P	S	K	G	D
A	U	Ţ	N	L	T	A	R	U	C	Z	U	O	Y
S	R	S	I	X	S	C	G	Z	G	K	O	D	L
I	I	A	T	N	E	D	N	E	P	E	D	N	I
O	O	C	C	U	D	F	X	W	K	R	X	M	T
N	S	O	R	B	O	Q	C	Ţ	I	E	Z	Z	U
A	J	O	N	M	M	X	E	B	Ţ	D	F	H	P
T	N	E	I	C	A	P	G	T	B	E	V	D	R
E	F	I	C	I	E	N	T	V	L	R	Y	E	A
I	M	A	G	I	N	A	T	I	V	C	S	C	C
Y	P	X	T	G	A	M	U	Z	A	N	T	I	T
G	E	N	E	R	O	S	Z	W	V	Î	W	S	I
D	J	R	O	T	Ă	C	E	M	R	E	F	I	C
Î	N	C	R	E	Z	Ă	T	O	R	D	T	V	Ţ

ARTISTIC
FERMECĂTOR
CURAT
ÎNCREZĂTOR
CURIOS
DECISIV
EFICIENT
AMUZANT
GENEROS
BUN
UTIL
IMAGINATIV
INDEPENDENT
MODEST
PASIONAT
PACIENT
PRACTIC
DE ÎNCREDERE

53 - Engineering

U	C	S	H	E	Z	R	X	C	X	M	V	U	Q
N	A	O	T	Q	B	P	L	A	V	O	T	N	Z
G	R	D	N	A	S	L	V	L	C	T	K	E	K
H	P	B	I	S	B	G	N	C	V	O	Z	L	Y
I	E	B	N	S	T	I	Z	U	C	R	P	T	W
E	R	M	Y	V	T	R	L	L	Ţ	C	O	E	N
M	A	Ș	I	N	Ă	R	U	I	T	Ă	R	I	E
I	R	D	M	D	X	D	I	C	T	Ţ	L	N	E
C	U	N	Y	K	A	Ţ	S	B	Ț	A	Ţ	N	N
N	S	P	Â	R	G	H	I	I	U	I	T	D	E
Â	Ă	X	L	I	C	H	I	D	R	Ț	E	E	R
D	M	P	R	O	P	U	L	S	I	E	I	D	G
A	D	I	A	G	R	A	M	Ă	W	M	V	E	I
M	O	T	O	R	I	N	Ă	P	N	J	J	Ţ	E

UNGHI
AXĂ
CALCUL
CONSTRUCȚIE
ADÂNCIME
DIAGRAMĂ
MOTORINĂ
DISTRIBUȚIE
ENERGIE
UNELTE
PÂRGHII
LICHID
MAȘINĂ
MĂSURARE
MOTOR
PROPULSIE
STABILITATE
TĂRIE

54 - Kitchen

A	L	I	M	E	N	T	E	N	P	L	Z	C	Y
M	C	A	S	T	R	O	N	N	O	I	K	O	R
C	L	F	M	Y	E	O	S	L	L	N	T	N	X
Q	Z	K	I	C	R	U	F	E	O	G	Ţ	D	C
R	R	F	L	V	A	G	N	Ț	N	U	U	I	E
Ş	K	P	O	T	O	J	I	E	I	R	B	M	A
C	O	I	H	I	Ș	X	U	V	C	I	X	E	I
P	U	R	E	D	I	G	I	R	F	B	B	N	N
R	E	Ț	Ţ	B	Ț	C	H	E	H	O	U	T	I
O	E	Y	I	S	E	F	Y	Ș	H	R	R	E	C
I	M	Ț	S	T	B	W	K	C	M	C	E	C	Q
C	O	Q	E	I	E	P	U	C	N	A	T	T	V
L	N	R	A	T	Ă	R	G	U	Ţ	N	E	W	Q
U	H	Q	S	T	Ă	C	U	P	T	O	R	I	E

ŞORŢ
CASTRON
BEȚIȘOARE
CUPE
ALIMENTE
FURCI
GRĂTAR
BORCAN
ULCIOR
CEAINIC
CUȚITE
POLONIC
ȘERVEȚEL
CUPTOR
REȚETĂ
FRIGIDER
CONDIMENTE
BURETE
LINGURI

55 - Government

J	L	D	E	M	O	C	R	A	Ţ	I	E	R	F
J	I	N	H	C	I	P	S	I	M	B	O	L	C
E	B	G	A	U	E	G	A	L	I	T	A	T	E
C	E	E	I	Ț	U	T	I	T	S	N	O	C	R
L	R	G	L	D	I	P	A	Ș	N	I	C	Ă	I
C	T	C	E	I	Ţ	U	C	S	I	D	E	A	B
I	A	M	E	V	E	Q	N	T	T	A	T	S	R
V	T	O	T	T	W	R	J	E	C	F	X	M	O
I	E	N	A	A	Ă	C	I	T	I	L	O	P	V
L	X	U	T	L	K	Ț	J	U	R	I	D	I	C
Y	M	M	P	G	E	T	E	M	T	G	F	T	R
T	D	E	E	Ţ	W	G	Z	N	S	W	C	D	Ţ
G	D	N	R	U	J	R	E	D	I	L	F	L	N
F	V	T	D	M	G	G	C	A	D	E	D	U	L

CETĂȚENIE
CIVIL
CONSTITUȚIE
DEMOCRAŢIE
DISCUŢIE
DISTRICT
EGALITATE
JURIDIC
DREPTATE
LEGE
LIDER
LIBERTATE
MONUMENT
NAȚIUNE
PAȘNICĂ
POLITICĂ
VORBIRE
STAT
SIMBOL

56 - Art Supplies

V	O	P	S	E	L	E	E	I	T	R	Â	H	A
T	C	R	V	E	R	W	X	A	D	M	S	L	C
Ă	I	G	Q	T	T	E	L	A	V	E	Ș	X	U
P	Z	Q	H	A	P	S	A	P	U	G	I	V	A
A	E	N	R	T	W	I	C	K	Y	E	U	T	R
H	E	R	D	I	L	B	R	P	K	Q	Q	A	E
R	N	Z	I	V	C	M	I	F	G	Z	Ţ	N	L
Z	A	I	C	I	P	I	L	L	U	T	D	T	E
Y	O	D	B	T	B	F	I	S	C	A	U	N	C
M	I	Ţ	I	A	W	W	C	B	U	L	E	I	U
T	E	R	N	E	C	E	R	N	E	A	L	Ă	L
E	R	A	O	R	R	C	Ă	R	B	U	N	E	O
S	C	I	T	C	B	Ă	T	A	B	E	L	K	R
A	P	A	R	A	T	F	O	T	O	N	O	P	I

ACRILIC
PERII
APARAT FOTO
SCAUN
CĂRBUNE
LUT
CULORI
CREATIVITATE
ȘEVALET
RADIERĂ
LIPICI
IDEI
CERNEALĂ
ULEI
VOPSELE
HÂRTIE
CREIOANE
TABEL
APĂ
ACUARELE

57 - Science Fiction

K	I	M	I	Ț	O	B	O	R	U	V	T	G	G
Z	Y	V	Y	L	J	X	U	C	M	H	E	A	T
C	Ă	R	Ț	I	U	D	O	Z	I	F	H	L	Q
E	P	N	W	X	M	Z	F	A	S	A	N	A	O
X	L	L	E	C	L	N	I	M	T	N	O	X	X
P	A	X	X	M	I	M	Y	E	E	T	L	I	E
L	N	A	C	Q	E	E	R	N	R	A	O	E	I
O	E	T	B	L	Ţ	F	G	I	I	S	G	E	P
Z	T	O	E	D	O	F	O	C	O	T	I	Y	O
I	Ă	M	P	X	D	N	F	G	S	I	E	B	T
E	E	I	P	O	T	U	E	M	K	C	G	W	S
X	O	C	Z	J	H	R	A	N	I	G	A	M	I
O	R	A	C	O	L	J	E	L	U	M	E	J	D
F	U	T	U	R	I	S	T	M	H	W	F	H	F

ATOMIC
CĂRȚI
CINEMA
CLONE
DISTOPIE
EXPLOZIE
EXTREM
FANTASTIC
FOC
FUTURIST
GALAXIE
ILUZIE
IMAGINAR
MISTERIOS
ORACOL
PLANETĂ
ROBOȚI
TEHNOLOGIE
UTOPIE
LUME

58 - Geometry

C	U	R	D	P	A	Ă	E	K	E	V	Z	D	P
E	N	W	T	L	A	B	J	H	F	W	Î	I	R
R	G	U	Q	U	B	R	Ă	M	U	N	N	M	O
C	H	A	W	H	O	U	A	Ă	K	M	Ă	E	P
K	I	B	D	F	T	C	I	L	F	H	L	N	O
Y	M	G	M	A	S	Ă	M	A	E	U	Ţ	S	R
E	C	U	A	Ţ	I	E	E	T	D	L	I	I	Ţ
T	L	P	D	I	X	E	D	N	I	U	M	U	I
X	E	O	W	P	S	I	I	O	A	C	E	N	E
N	V	O	G	M	X	Z	A	Z	M	L	L	E	A
I	L	K	R	I	T	W	N	I	E	A	W	O	F
C	Ţ	Q	Q	I	C	X	Ă	R	T	C	W	U	L
W	F	Q	J	M	E	Ă	H	O	R	A	O	L	Z
X	S	E	G	M	E	N	T	N	U	N	U	G	U

UNGHI
CALCUL
CERC
CURBĂ
DIAMETRU
DIMENSIUNE
ECUAŢIE
ÎNĂLŢIME
ORIZONTALĂ
LOGICĂ
MASĂ
MEDIANĂ
NUMĂR
PARALEL
PROPORŢIE
SEGMENT
TEORIE

59 - Creativity

G	N	C	L	A	R	I	T	A	T	E	A	Z	Q
I	N	T	E	N	S	I	T	A	T	E	V	I	Q
E	V	I	N	S	P	I	R	A	Ț	I	E	V	D
D	R	A	M	A	T	I	C	E	M	O	Ț	I	I
I	V	M	E	A	E	I	Ț	A	Z	N	E	S	Ț
L	L	T	I	T	R	I	N	T	U	I	Ț	I	E
S	P	O	N	T	A	N	Z	B	T	D	O	T	B
V	A	U	T	E	N	T	I	C	I	T	A	T	E
I	V	L	E	C	Â	V	I	T	N	E	V	N	I
Z	S	F	K	W	M	X	P	D	I	V	Q	U	F
I	P	I	K	Z	E	S	E	N	I	G	A	M	I
U	M	L	W	R	D	B	K	X	G	U	V	M	Ț
N	E	I	Ț	A	N	I	G	A	M	I	L	U	B
I	N	A	S	X	Î	T	B	H	M	M	M	F	O

AUTENTICITATE
CLARITATE
DRAMATIC
EMOȚII
FLUIDITATE
IDEI
IMAGINE
IMAGINAȚIE

INSPIRAȚIE
INTENSITATE
INTUIȚIE
INVENTIV
SENZAȚIE
ÎNDEMÂNARE
SPONTAN
VIZIUNI

60 - Airplanes

G	M	L	F	R	A	A	G	A	W	J	A	H	E
X	O	Z	O	B	V	L	H	S	U	A	E	I	L
P	D	E	M	V	E	T	O	L	I	P	R	D	I
Q	E	R	E	C	N	I	M	A	W	I	E	R	C
Î	L	A	I	O	T	T	O	Y	G	H	G	O	E
N	A	Z	Ț	M	U	U	T	H	U	C	A	G	N
Ă	T	I	C	B	R	D	O	H	X	E	S	E	Y
L	M	R	U	U	Ă	I	R	E	D	D	A	N	W
Ţ	O	E	R	S	X	N	I	T	A	Q	P	M	Z
I	S	T	T	T	B	E	R	Â	R	O	B	O	C
M	F	A	S	I	A	A	I	S	T	O	R	I	E
E	E	N	N	B	L	N	L	B	T	C	U	D	O
J	R	N	O	I	I	L	Z	O	F	A	Y	M	T
J	Ă	M	C	L	I	J	P	I	N	B	C	G	G

AVENTURĂ
AER
ALTITUDINE
ATMOSFERĂ
BALON
CONSTRUCȚIE
ECHIPAJ
COBORÂRE
MODEL
MOTOR
COMBUSTIBIL
ÎNĂLŢIME
ISTORIE
HIDROGEN
ATERIZARE
PASAGER
PILOT
ELICE
CER

61 - Ocean

F	C	A	X	M	L	L	O	L	V	B	C	R	V
H	U	E	N	C	B	I	M	O	J	W	R	E	A
S	E	R	A	S	M	E	D	U	Z	E	E	C	L
S	T	A	T	Ţ	M	A	R	E	E	G	V	I	U
T	E	O	N	U	M	C	Y	P	M	L	E	F	R
R	R	Z	Z	G	N	O	T	A	E	A	T	A	I
I	U	V	P	K	H	Ă	F	U	Ţ	Ş	Ă	E	G
D	B	T	O	V	I	I	M	T	C	B	T	U	L
I	A	O	O	O	N	F	L	A	R	O	C	E	V
E	R	E	U	S	V	X	R	Ă	N	E	L	A	B
Y	C	D	E	L	F	I	N	K	I	B	L	K	U
B	A	R	C	Ă	R	R	E	C	H	I	N	M	P
C	A	R	A	C	A	T	I	Ț	Ă	C	M	U	U
G	X	N	V	A	E	Y	I	I	D	U	Ţ	L	Z

ALGE
BARCĂ
CORAL
CRAB
DELFIN
ANGHILĂ
PEŞTE
MEDUZE
CARACATIȚĂ
STRIDIE
RECIF
SARE
RECHIN
CREVETĂ
BURETE
FURTUNĂ
MAREE
TON
VALURI
BALENĂ

62 - Force and Gravity

F	M	R	E	S	U	G	V	L	M	A	P	D	M
G	I	R	N	P	Z	Q	I	F	O	I	R	E	A
T	E	Z	U	H	W	Ă	T	I	B	R	O	S	G
I	X	Ă	I	A	O	A	E	M	H	S	P	C	N
M	P	Ţ	S	C	W	D	Z	S	L	Q	R	O	I
P	A	N	E	W	Ă	I	Ă	I	A	W	I	P	T
I	N	A	R	B	B	N	L	T	S	F	E	E	U
M	S	T	P	E	R	A	C	E	R	F	T	R	D
P	I	S	L	U	P	M	I	N	E	C	Ă	I	I
A	U	I	Q	Ţ	P	I	J	G	V	E	Ț	R	N
C	N	D	Ţ	A	U	C	T	A	I	N	I	E	E
T	E	S	M	X	Ţ	Q	H	M	N	T	O	I	C
Z	M	E	C	A	N	I	C	A	U	R	Z	X	M
M	X	A	X	Ă	L	E	T	A	T	U	E	R	G

AXĂ
CENTRU
DESCOPERIRE
DISTANŢĂ
DINAMIC
EXPANSIUNE
FRECARE
IMPACT
MAGNETISM
MAGNITUDINE
MECANICA
IMPULS
ORBITĂ
FIZICĂ
PRESIUNE
PROPRIETĂȚI
VITEZĂ
TIMP
UNIVERSAL
GREUTATE

63 - Birds

W	M	S	T	Â	R	C	S	T	R	U	Ț	N	G
I	G	V	Ţ	B	Q	G	W	O	Q	S	J	F	I
P	A	P	A	G	A	L	P	E	L	I	C	A	N
N	X	I	S	B	M	F	L	A	M	I	N	G	O
I	O	L	B	Y	A	A	L	P	O	U	R	K	G
U	Z	R	W	C	E	R	W	U	R	Y	A	W	Z
G	Â	S	C	Ă	I	W	Z	I	D	D	Ț	N	L
N	P	C	D	C	B	O	O	Ă	H	D	Ă	A	U
I	P	Ă	P	R	A	N	A	C	E	Y	O	C	J
P	X	F	U	F	R	F	P	R	U	T	L	U	V
N	J	W	P	N	V	E	Q	A	Ă	L	J	O	B
P	E	S	C	Ă	R	U	Ș	O	W	V	N	T	C
B	Ţ	E	T	O	T	C	O	E	B	T	J	J	U
R	D	B	V	P	L	E	B	Ă	D	Ă	A	F	C

CANAR
PUI
CIOARĂ
CUC
RAȚĂ
VULTUR
OU
FLAMINGO
GÂSCĂ
PESCĂRUȘ
STÂRC
STRUȚ
PAPAGAL
PĂUN
PELICAN
PINGUIN
VRABIE
BARZĂ
LEBĂDĂ
TOUCAN

64 - Nutrition

G	E	E	S	O	T	Ă	N	Ă	S	W	M	I	N
S	L	C	O	M	E	S	T	I	B	I	L	O	U
L	Y	U	S	E	T	A	T	Ă	N	Ă	S	A	T
E	B	I	C	X	F	H	P	N	S	M	Z	P	R
I	Y	T	Ţ	I	G	Ă	N	I	X	O	T	E	I
R	X	A	I	X	D	T	Y	M	B	R	Ţ	T	E
U	W	R	B	G	K	E	K	A	M	A	A	I	N
I	N	B	S	F	O	I	G	T	Q	T	M	T	T
E	B	I	Q	L	O	D	D	I	O	M	A	H	Z
C	A	L	I	T	A	T	E	V	D	H	R	S	W
I	D	I	C	A	L	O	R	I	I	B	D	T	E
B	R	H	P	R	O	T	E	I	N	E	D	L	O
O	W	C	F	E	R	M	E	N	T	A	Ţ	I	E
S	P	E	I	T	S	E	G	I	D	X	Ţ	U	E

APETIT
ECHILIBRAT
AMAR
CALORII
GLUCIDE
DIETĂ
DIGESTIE
COMESTIBIL
FERMENTAŢIE
AROMĂ
OBICEIURI
SĂNĂTATE
SĂNĂTOS
NUTRIENT
PROTEINE
CALITATE
SOS
TOXINĂ
VITAMINĂ

65 - Hiking

S	P	A	R	C	U	R	I	X	N	S	P	P	P
X	O	W	A	S	E	I	B	Ţ	A	U	J	R	E
Ţ	T	A	M	I	L	C	F	H	T	M	I	E	R
H	T	Q	R	U	A	I	L	A	U	M	R	G	I
G	A	T	P	E	M	X	I	J	R	I	V	Ă	C
H	Y	R	E	R	I	H	S	Y	Ă	T	R	T	O
I	I	G	T	G	N	O	B	O	S	I	T	I	L
D	G	C	N	Ă	A	P	I	E	T	R	E	R	E
U	T	Z	U	I	R	R	H	U	M	O	Ţ	E	U
R	F	N	M	D	P	I	Z	J	R	N	C	A	P
I	W	O	D	S	L	M	D	Y	B	N	I	I	C
V	O	R	I	E	N	T	A	R	E	Z	Z	A	G
S	Ă	L	B	A	T	I	C	C	X	C	M	P	G
O	Z	H	O	S	T	Â	N	C	Ă	I	E	Ă	J

ANIMALE
CIZME
CAMPING
STÂNCĂ
CLIMAT
GHIDURI
PERICOLE
GREU
HARTĂ
MUNTE
NATURĂ
ORIENTARE
PARCURI
PREGĂTIREA
PIETRE
SUMMIT
SOARE
OBOSIT
APĂ
SĂLBATIC

66 - Professions #1

B	A	N	C	H	E	R	F	A	M	C	D	C	I
B	I	J	U	T	I	E	R	M	A	R	O	A	N
Y	L	H	Z	M	E	O	E	B	R	O	C	R	S
Y	T	A	C	O	V	A	D	A	I	I	T	T	T
T	O	S	R	N	T	E	I	S	N	T	O	O	A
L	F	Ţ	C	O	S	B	T	A	A	O	R	G	L
J	Q	N	L	R	N	Ţ	O	D	R	R	P	R	A
O	I	L	Y	T	V	E	R	O	O	C	O	A	T
G	Y	R	P	S	F	N	R	R	T	D	M	F	O
I	E	P	I	A	N	I	S	T	Ă	R	P	K	R
Q	G	O	L	O	H	I	S	P	N	P	I	H	E
M	D	C	L	X	B	J	X	F	Â	A	E	Y	Y
I	A	R	M	O	X	M	O	L	V	X	R	F	A
X	I	H	J	N	G	D	A	N	S	A	T	O	R

AMBASADOR
ASTRONOM
AVOCAT
BANCHER
CARTOGRAF
ANTRENOR
DANSATOR
DOCTOR
EDITOR
POMPIER
GEOLOG
VÂNĂTOR
BIJUTIER
PIANIST
INSTALATOR
PSIHOLOG
MARINAR
CROITOR

67 - Barbecues

L	E	G	U	M	E	P	F	R	A	T	Ă	R	G
Y	D	N	C	N	R	Ă	R	A	V	W	M	O	O
A	G	S	T	V	H	O	U	I	R	F	Q	S	O
Ţ	Z	N	U	W	T	Ă	C	I	Z	U	M	I	F
G	H	O	G	I	N	E	T	E	I	R	P	I	S
D	Ţ	G	S	I	S	M	D	F	D	R	W	F	O
C	I	N	A	P	M	A	S	A	R	E	X	I	S
A	L	F	E	O	L	O	L	W	D	Y	J	E	B
R	J	Z	T	C	Q	F	X	A	P	A	B	R	N
F	A	L	I	M	E	N	T	E	T	U	N	B	P
K	U	X	Ț	D	A	A	E	Y	N	E	I	I	T
D	I	R	U	C	O	J	K	P	Q	N	I	N	F
F	X	R	C	T	M	J	P	K	Q	K	V	T	U
Z	D	C	E	I	L	I	M	A	F	I	T	E	F

PUI
COPII
CINA
FAMILIE
ALIMENTE
FURCI
PRIETENI
FRUCT
JOCURI
GRĂTAR
FIERBINTE
FOAME
CUȚITE
MUZICĂ
SALATE
SARE
SOS
VARĂ
ROSII
LEGUME

68 - Vegetables

U	K	S	A	L	A	T	Ă	L	C	S	V	Ă	E
A	S	E	R	Ă	Z	A	M	M	U	E	C	D	T
N	P	T	Q	Ș	A	L	O	T	Ă	Z	A	I	R
G	Ă	E	U	S	R	I	D	I	C	H	E	P	F
H	T	V	M	R	P	Q	K	A	Ţ	Z	L	O	Ă
I	R	A	O	I	O	A	H	Ţ	G	G	V	N	C
N	U	R	R	B	Q	I	N	E	Q	N	O	O	R
A	N	T	C	M	Y	K	A	A	H	F	D	C	E
R	J	S	O	I	F	F	R	Y	C	P	N	S	P
E	E	A	V	H	Ț	E	L	I	N	Ă	T	C	U
I	L	C	Z	G	B	R	O	C	C	O	L	I	I
Ș	V	Â	N	Ă	T	Ă	N	B	X	O	T	K	C
O	G	U	S	H	C	G	A	S	O	M	Q	W	R
R	O	Y	R	N	U	P	P	M	C	F	P	T	B

ANGHINARE
BROCCOLI
MORCOV
CONOPIDĂ
ȚELINĂ
CASTRAVETE
VÂNĂTĂ
USTUROI
GHIMBIR
CIUPERCĂ
CEAPĂ
PĂTRUNJEL
MAZĂRE
DOVLEAC
RIDICHE
SALATĂ
ȘALOTĂ
SPANAC
ROȘIE
NAP

69 - The Media

C	I	N	T	E	L	E	C	T	U	A	L	F	C
I	O	Q	N	E	T	S	I	V	E	R	U	A	O
L	G	M	I	N	I	D	U	T	I	T	A	P	M
B	W	P	U	N	Ţ	Y	W	C	Ț	D	W	T	E
U	F	F	O	N	D	O	N	L	I	N	E	E	R
P	X	I	J	Q	I	U	K	Z	D	Y	S	I	C
P	W	N	N	E	Z	C	S	Ţ	E	X	Q	N	I
Z	O	I	D	A	R	E	A	T	Q	M	X	I	A
S	H	G	K	X	N	S	P	R	R	M	Ă	P	L
Ţ	O	A	M	W	J	Ț	I	C	E	I	S	O	W
A	O	M	R	E	I	Ţ	A	C	U	D	E	B	H
L	Ţ	I	R	E	Ț	E	A	R	F	N	R	E	L
D	I	G	I	T	A	L	I	J	E	K	P	I	X
I	N	D	I	V	I	D	U	A	L	A	C	O	L

ATITUDINI
COMERCIAL
COMUNICARE
DIGITAL
EDIȚIE
EDUCAŢIE
FAPTE
FINANȚAREA
IMAGINI
INDIVIDUAL
INDUSTRIE
INTELECTUAL
LOCAL
REVISTE
REȚEA
PRESĂ
ONLINE
OPINIE
PUBLIC
RADIO

70 - Boats

I	Ă	F	F	K	C	O	D	N	J	J	F	P	W
P	R	Ţ	R	J	A	P	I	H	C	E	X	X	X
B	U	A	Â	N	I	R	U	L	A	V	C	R	Ţ
J	D	E	N	Y	A	Ţ	I	N	A	U	T	I	C
S	N	W	G	I	C	R	O	B	A	R	D	M	P
M	A	W	H	I	R	C	A	N	O	E	K	Ă	A
Y	M	G	I	E	Â	A	G	V	L	A	C	R	S
C	A	Y	E	E	U	L	M	T	L	B	K	O	P
J	E	A	C	R	S	E	P	J	Y	J	I	C	T
B	G	O	P	A	H	L	D	J	X	M	S	N	R
C	O	J	L	M	T	E	C	E	Y	O	I	A	B
D	V	P	U	A	W	A	B	A	C	T	A	A	D
V	Z	P	T	R	Z	H	R	Ţ	R	O	H	V	N
E	M	J	Ă	E	A	E	K	G	O	R	T	P	G

ANCORĂ
GEAMANDURĂ
CANOE
ECHIPAJ
DOCK
MOTOR
BAC
CAIAC
LAC
CATARG
NAUTIC
OCEAN
PLUTĂ
RÂU
FRÂNGHIE
MARINAR
MARE
MAREE
VALURI
IAHT

71 - Activities and Leisure

G	R	Ă	D	I	N	Ă	R	I	T	L	H	C	Q
C	I	R	U	T	Ă	R	Ă	P	M	U	C	V	L
S	Ă	R	Î	N	O	T	C	I	B	Y	U	W	J
U	Z	L	Ă	D	R	U	M	E	Ț	I	I	B	Q
R	V	T	Ă	D	T	R	G	N	I	P	M	A	C
F	P	P	T	T	N	A	X	A	L	E	R	R	Ţ
I	E	E	B	V	O	U	L	D	B	S	X	T	Q
N	S	F	F	O	U	R	F	X	A	R	O	Ă	W
G	C	R	V	L	L	Ţ	I	U	S	U	Q	M	I
E	U	U	Z	E	R	I	Q	E	C	C	K	Ţ	T
G	I	G	X	I	Y	H	C	X	H	S	J	K	E
Ţ	T	N	O	O	L	L	A	B	E	S	A	B	N
I	N	V	B	L	W	A	R	U	T	C	I	P	I
I	A	E	W	X	F	M	F	O	T	B	A	L	S

ARTĂ
BASEBALL
BASCHET
BOX
CAMPING
SCUFUNDĂRI
PESCUIT
GRĂDINĂRIT
GOLF
DRUMEȚII
PICTURA
CURSE
RELAXANT
CUMPĂRĂTURI
FOTBAL
SURFING
ÎNOT
TENIS
CĂLĂTORIE
VOLEI

72 - Driving

U	Y	Z	X	F	H	M	A	G	N	E	V	T	S
C	N	A	U	V	A	A	C	K	S	N	U	R	I
C	O	G	M	L	R	Ș	C	Ș	L	Â	Ă	A	G
A	T	M	A	P	T	I	I	I	O	R	Ț	F	U
M	E	U	B	R	Ă	N	D	U	C	F	N	I	R
I	I	R	T	U	A	Ă	E	U	I	J	E	C	A
O	P	D	M	Q	S	J	N	D	R	Z	C	R	N
N	T	U	N	E	L	T	T	P	E	O	I	O	Ț
P	O	L	I	T	I	E	I	W	P	I	L	T	Ă
P	P	H	V	T	O	Q	Ţ	B	U	V	S	O	Z
U	C	Ţ	X	S	D	I	T	F	I	O	B	M	E
D	X	M	S	R	S	G	C	R	H	L	G	A	T
M	O	T	O	C	I	C	L	E	T	Ă	I	K	I
T	N	G	F	F	R	Z	M	L	A	D	G	V	V

ACCIDENT
FRÂNE
MAȘINĂ
PERICOL
ȘOFER
COMBUSTIBIL
GARAJ
ĢAZ
LICENȚĂ
HARTĂ
MOTOR
MOTOCICLETĂ
PIETON
POLITIE
DRUM
SIGURANȚĂ
VITEZĂ
TRAFIC
CAMION
TUNEL

73 - Professions #2

M	B	I	B	L	I	O	T	E	C	A	R	Y	C
R	E	I	M	R	E	F	H	T	I	I	K	W	H
P	I	D	P	R	O	T	A	R	T	S	U	L	I
O	I	T	I	I	N	G	I	N	E	R	M	D	R
X	F	L	R	C	L	I	N	G	V	I	S	T	U
A	O	R	O	S	E	F	O	R	P	Y	O	I	R
S	T	A	T	T	S	I	L	A	N	R	U	J	G
T	O	N	A	T	P	G	P	P	U	P	D	Q	F
R	G	I	T	U	G	T	S	I	T	N	E	D	I
O	R	D	N	U	I	M	Ţ	R	C	O	J	O	L
N	A	Ă	E	B	I	O	L	O	G	T	E	R	O
A	F	R	V	I	T	C	E	T	E	D	O	K	Z
U	O	G	N	Z	O	O	L	O	G	I	E	R	O
T	K	F	I	Z	P	J	T	B	H	A	T	Y	F

ASTRONAUT
BIOLOG
DENTIST
DETECTIV
INGINER
FERMIER
GRĂDINAR
ILUSTRATOR
INVENTATOR
JURNALIST
BIBLIOTECAR
LINGVIST
PICTOR
FILOZOF
FOTOGRAF
MEDIC
PILOT
CHIRURG
PROFESOR
ZOOLOG

74 - Emotions

T	R	J	G	B	I	Ă	Z	I	R	P	R	U	S
U	R	E	E	O	F	R	J	S	E	W	Z	E	Q
N	C	I	L	N	Z	A	T	E	C	W	W	T	P
I	A	E	S	I	A	J	K	N	U	E	C	A	P
Ţ	L	G	P	T	E	T	L	S	N	X	F	T	S
N	M	K	H	S	E	F	Ţ	I	O	C	I	Ă	A
O	K	B	Z	Q	B	Ț	C	B	S	I	D	N	T
C	F	R	I	C	Ă	E	E	I	C	T	R	U	I
S	I	M	P	A	T	I	E	L	Ă	A	A	B	S
F	E	R	I	C	I	R	E	I	T	T	G	G	F
Ţ	B	X	H	L	O	U	K	T	O	T	O	Ţ	Ă
F	U	R	I	E	I	C	P	A	R	Q	S	U	C
O	P	K	Z	P	Y	U	H	T	Z	Q	T	E	U
H	E	J	R	T	T	B	M	E	X	R	E	C	T

FURIE
FERICIRE
CALM
CONŢINUT
JENAT
EXCITAT
FRICĂ
RECUNOSCĂTOR
BUCURIE
BUNĂTATE
DRAGOSTE
PACE
RELIEF
TRISTEŢE
SATISFĂCUT
SURPRIZĂ
SIMPATIE
SENSIBILITATE

75 - Mythology

L	T	P	E	R	F	Ă	P	T	U	R	Ă	N	I
R	E	T	I	Ț	Ă	T	I	E	Z	X	E	E	V
V	A	G	I	E	I	Z	O	L	E	G	Ț	M	R
P	I	T	E	H	R	A	B	B	B	S	N	U	M
C	E	R	G	N	U	G	H	U	W	R	I	R	O
G	T	A	O	Z	D	H	I	T	N	Q	D	I	N
I	C	O	A	T	M	Ă	C	W	S	A	E	R	S
T	D	Z	T	N	I	R	I	B	A	L	R	E	T
T	N	E	M	A	T	R	O	P	M	O	C	E	R
T	U	N	E	T	U	Q	U	I	T	L	U	I	U
D	F	U	L	G	E	R	P	M	X	I	B	J	L
E	R	O	U	R	T	S	A	Z	E	D	S	Z	E
V	C	R	E	A	R	E	R	O	W	F	E	A	W
J	G	R	O	S	C	U	L	T	U	R	Ă	Ţ	G

ARHETIP
COMPORTAMENT
CREDINȚE
CREARE
FĂPTURĂ
CULTURĂ
ZEITĂȚI
DEZASTRU
CER
EROU
NEMURIRE
GELOZIE
LABIRINT
LEGENDĂ
FULGER
MONSTRU
MURITOR
RĂZBUNARE
TUNET

76 - Hair Types

U	B	O	D	T	U	V	B	M	K	B	Î	V	G
I	S	H	B	K	Y	T	M	N	C	Y	M	E	Î
G	M	C	H	O	N	A	J	L	O	L	P	R	M
B	H	K	A	C	I	L	C	V	L	U	L	U	P
B	X	P	K	T	R	U	C	S	O	N	E	S	L
M	K	H	S	D	G	D	Ţ	K	R	G	T	Z	E
U	X	A	W	Q	I	N	N	G	A	F	I	J	T
T	E	L	C	U	B	O	L	C	T	Ţ	T	M	I
Y	L	E	B	R	P	P	T	B	E	M	M	M	T
T	A	H	L	G	E	R	I	Ț	B	U	S	A	U
W	O	C	O	E	U	T	G	G	L	W	U	R	R
U	M	N	N	N	T	U	B	R	A	Ţ	Q	O	I
K	H	Q	D	T	K	Y	C	S	O	I	C	U	L
S	Ă	N	Ă	T	O	S	W	E	E	S	P	D	R

CHEL
NEGRU
BLOND
ÎMPLETIT
ÎMPLETITURI
MARO
COLORATE
BUCLE
CRET
USCAT
GRI
SĂNĂTOS
LUNG
LUCIOS
SCURT
MOALE
GROS
SUBȚIRE
ONDULAT
ALB

77 - Garden

H	C	A	M	A	H	C	Y	J	N	E	H	K	T
N	E	O	K	P	H	E	Ţ	R	D	Q	J	T	R
T	B	M	P	J	G	R	Ă	D	I	N	Ă	E	A
L	Ţ	P	Z	A	I	A	L	C	P	O	T	R	M
I	G	F	S	R	C	O	B	E	N	Z	A	A	B
V	U	W	E	A	X	L	E	U	B	A	Ţ	S	U
A	B	B	P	G	A	F	R	C	U	G	B	Ă	L
D	R	A	G	H	M	T	G	I	R	Q	T	T	I
Ă	F	U	R	T	U	N	T	A	U	Q	O	A	N
T	U	F	I	Ș	U	R	F	R	I	J	U	P	Ă
S	O	L	K	Q	H	O	U	B	E	Q	S	O	N
Z	N	X	Q	T	C	U	S	Ă	N	Y	P	L	M
V	E	R	A	N	D	Ă	C	O	I	U	B	V	N
A	P	X	Q	X	L	Z	U	H	Ţ	S	T	T	E

BANCĂ
TUFIȘ
GARD
FLOARE
GARAJ
GRĂDINĂ
IARBĂ
HAMAC
FURTUN
GAZON
LIVADĂ
IAZ
VERANDĂ
GREBLĂ
LOPATĂ
SOL
TERASĂ
TRAMBULINĂ
COPAC
BURUIENI

78 - Diplomacy

D	C	S	E	C	U	R	I	T	A	T	E	H	A
C	I	O	S	O	L	U	Ţ	I	E	V	B	L	M
G	I	S	N	Q	K	W	S	S	B	L	Q	F	B
U	G	V	C	S	C	E	T	Ă	Ț	E	N	I	A
V	C	M	I	U	I	J	A	C	I	C	R	D	S
E	I	Ţ	Q	C	Ţ	L	L	I	Z	O	E	R	A
R	T	M	K	V	L	I	I	T	Q	O	Z	E	D
N	A	L	Ţ	Ţ	W	O	E	E	H	P	O	P	Ă
A	M	B	A	S	A	D	O	R	R	E	L	T	T
C	O	M	U	N	I	T	A	T	E	R	U	A	R
K	L	U	M	A	N	I	T	A	R	A	Ţ	T	A
F	P	P	O	L	I	T	I	C	Ă	R	I	E	T
S	I	C	O	N	F	L	I	C	T	E	E	F	A
D	D	I	N	T	E	G	R	I	T	A	T	E	T

CONSILIER
AMBASADOR
CETĂȚENI
CIVIC
COMUNITATE
CONFLICT
COOPERARE
DIPLOMATIC
DISCUŢIE
AMBASADĂ
ETICĂ
GUVERN
UMANITAR
INTEGRITATE
DREPTATE
POLITICĂ
REZOLUŢIE
SECURITATE
SOLUŢIE
TRATAT

79 - Countries #1

H	V	V	W	K	J	I	C	G	W	E	F	I	P
T	E	P	Z	Ţ	R	Ţ	Q	O	B	I	Z	S	O
I	N	S	P	A	N	I	A	I	R	A	K	R	L
S	E	G	E	R	M	A	N	I	A	A	U	A	O
V	Z	P	P	A	D	A	N	A	C	Ţ	M	E	N
F	U	J	A	I	G	E	V	R	O	N	A	L	I
I	E	F	I	N	L	V	I	E	T	N	A	M	A
N	L	U	L	Â	A	B	R	A	Z	I	L	I	A
L	A	O	A	M	G	M	C	I	L	I	B	I	A
A	E	X	T	O	E	E	A	N	N	O	T	V	L
N	X	G	I	R	N	M	Y	O	E	H	F	L	U
D	Q	X	I	Z	E	Q	P	T	T	Y	L	N	Z
A	H	B	B	P	S	L	N	E	N	H	T	A	S
S	O	Y	H	X	T	C	G	L	S	N	N	B	S

BRAZILIA
CANADA
EGIPT
FINLANDA
GERMANIA
IRAK
ISRAEL
ITALIA
LETONIA
LIBIA
MAROC
NORVEGIA
PANAMA
POLONIA
ROMÂNIA
SENEGAL
SPANIA
VENEZUELA
VIETNAM

80 - Adjectives #1

I	D	E	N	T	I	C	O	M	I	Z	Z	I	B
I	A	M	B	I	Ţ	I	O	S	O	M	U	R	F
Q	M	W	L	U	M	X	K	S	N	D	L	U	U
Y	C	P	S	I	N	C	E	R	E	F	E	W	N
C	I	S	O	R	O	L	A	V	D	R	R	R	R
W	T	C	I	R	E	N	U	T	N	Î	I	M	N
H	S	F	I	T	T	A	M	O	R	A	Ț	O	U
A	I	H	Ţ	X	A	A	I	F	E	A	B	F	S
U	T	I	L	Z	H	T	N	C	X	B	U	E	O
E	R	R	C	F	T	Ţ	S	T	O	S	S	R	R
R	A	F	A	A	J	O	E	Z	T	O	S	I	E
G	Î	N	C	E	T	B	N	X	I	L	Ţ	C	N
Ţ	P	Y	S	W	M	Q	A	O	C	U	L	I	E
A	T	R	A	C	T	I	V	P	Z	T	T	T	G

ABSOLUT
AMBIŢIOS
AROMAT
ARTISTIC
ATRACTIV
FRUMOS
ÎNTUNERIC
EXOTIC
GENEROS
FERICIT
GREU
UTIL
SINCER
IDENTIC
IMPORTANT
MODERN
SERIOS
ÎNCET
SUBȚIRE
VALOROS

81 - Rainforest

B	I	G	S	Y	Y	J	G	N	L	D	Y	I	M
R	O	V	A	L	O	R	O	S	O	Ă	Ţ	N	A
J	E	T	A	M	I	L	C	S	C	R	Y	D	M
U	T	S	A	C	U	R	Ţ	E	I	U	I	I	I
N	C	T	P	N	W	L	L	M	M	T	R	G	F
G	E	G	A	E	I	C	E	P	S	A	Ă	E	E
L	S	F	F	Ţ	C	C	Q	O	B	N	S	N	R
Ă	N	Y	I	G	Y	T	I	Ţ	W	W	Ă	E	E
I	I	A	M	F	I	B	I	E	N	I	P	F	R
H	V	D	I	V	E	R	S	I	T	A	T	E	A
C	O	N	S	E	R	V	A	R	E	K	N	B	X
Ș	C	W	R	R	E	F	U	G	I	U	X	J	V
U	C	O	M	U	N	I	T	A	T	E	Z	Ţ	L
M	R	E	S	T	A	U	R	A	R	E	L	V	N

AMFIBIENI
PĂSĂRI
BOTANIC
CLIMAT
NORI
COMUNITATE
DIVERSITATE
INDIGENE
INSECTE
JUNGLĂ
MAMIFERE
MUȘCHI
NATURĂ
CONSERVARE
REFUGIU
RESPECT
RESTAURARE
SPECIE
VALOROS

82 - Landscapes

Q	Ă	D	P	Q	C	B	L	V	I	D	M	G	I
G	R	E	B	S	I	A	V	U	U	P	S	L	Z
C	E	A	U	X	A	Ţ	L	L	K	L	H	A	Q
A	T	L	H	G	V	K	B	C	Q	M	M	E	M
S	Ș	G	H	E	Ț	A	R	A	B	H	K	A	L
C	E	L	A	V	Ţ	F	U	N	W	D	Z	I	A
A	P	T	R	E	Ș	E	D	V	A	Ţ	M	N	Ș
D	N	T	N	A	E	C	O	V	W	C	A	S	T
Ă	K	U	R	U	V	Ă	J	A	L	P	R	U	I
G	X	N	Â	N	M	S	Q	F	Z	Y	E	L	N
X	N	D	U	N	Z	V	K	V	T	Ă	Ţ	Ă	Ă
Y	Y	R	G	H	E	I	Z	E	R	R	K	G	U
Q	I	Ă	P	E	N	I	N	S	U	L	Ă	C	Ţ
Q	K	C	W	Q	O	C	C	K	D	N	N	W	N

PLAJĂ
PEȘTERĂ
DEȘERT
GHEIZER
GHEȚAR
DEAL
AISBERG
INSULĂ
LAC
MUNTE

OAZĂ
OCEAN
PENINSULĂ
RÂU
MARE
MLAȘTINĂ
TUNDRĂ
VALE
VULCAN
CASCADĂ

83 - Visual Arts

A	C	J	R	Q	M	O	A	U	I	L	I	M	C
R	U	E	Ă	X	T	S	R	C	D	A	P	E	O
T	R	C	R	S	B	J	G	E	R	C	E	R	M
I	Ă	Ă	E	A	K	O	I	E	P	E	K	Y	P
S	R	R	P	R	M	N	L	Y	M	I	T	Z	O
T	U	B	O	U	S	I	Ă	J	Q	F	E	Ă	Z
E	T	U	D	T	J	C	C	I	B	A	R	G	I
L	C	N	O	C	L	B	U	Ă	A	R	T	G	Ţ
A	E	E	P	I	P	I	X	L	P	G	R	M	I
V	T	S	A	P	Q	C	F	G	P	O	O	H	E
E	I	U	C	R	N	Q	I	H	G	T	P	W	C
Ș	H	C	E	A	R	Ă	L	B	R	O	U	I	E
C	R	E	I	O	N	N	M	Q	O	F	J	R	G
Q	A	P	E	R	S	P	E	C	T	I	V	Ă	Ă

ARHITECTURĂ
ARTIST
CERAMICĂ
CRETĂ
CĂRBUNE
ARGILĂ
COMPOZIŢIE
ȘEVALET
FILM
CAPODOPERĂ
PICTURA
PIX
CREION
PERSPECTIVĂ
FOTOGRAFIE
PORTRET
SCULPTURĂ
LAC
CEARĂ

84 - Plants

B	P	Ţ	P	J	Q	I	H	C	Ș	U	M	Q	Y
O	E	R	Ă	I	R	P	Q	C	A	P	O	C	I
T	T	H	D	R	I	Ţ	A	Z	C	C	R	Q	B
A	A	L	U	O	A	U	U	Z	D	G	T	G	R
N	L	Q	R	E	R	A	O	L	F	F	N	U	Y
I	Ă	N	E	S	B	I	E	D	E	R	Ă	T	S
C	T	N	Â	M	Ă	Ş	Ă	R	G	N	Î	U	U
Ă	I	S	J	E	G	R	Ă	D	I	N	Ă	F	B
F	T	H	X	Z	B	A	C	Ă	U	M	L	I	M
A	V	Y	Z	N	X	X	D	L	Z	Q	D	Ș	A
S	V	N	T	U	L	P	I	N	Ă	I	J	E	B
O	F	L	O	R	Ă	R	Ă	D	Ă	C	I	N	Ă
L	G	C	X	F	A	N	M	H	Q	C	G	K	E
E	I	Ț	A	T	E	G	E	V	J	N	V	K	E

BAMBUS
FASOLE
BACĂ
BOTANICĂ
TUFIȘ
CACTUS
ÎNGRĂŞĂMÂNT
FLORĂ
FLOARE
FRUNZE
PĂDURE
GRĂDINĂ
IARBĂ
IEDERĂ
MUȘCHI
PETALĂ
RĂDĂCINĂ
TULPINĂ
COPAC
VEGETAȚIE

85 - Countries #2

U	Z	A	P	D	S	O	J	C	I	J	S	R	S
I	T	L	A	A	L	U	S	I	I	A	O	U	I
F	D	B	K	N	H	N	D	C	M	P	M	S	R
S	X	A	I	E	R	A	I	A	K	O	A	I	I
U	K	N	S	M	Ţ	B	I	D	N	N	L	A	A
L	D	I	T	A	W	I	G	T	A	I	I	I	F
F	I	A	A	R	I	L	T	Y	I	A	A	C	I
J	A	B	N	C	A	O	V	N	C	N	X	E	J
U	D	J	E	A	N	I	G	E	R	I	A	R	A
Ţ	N	Y	P	R	M	E	X	I	C	A	N	G	M
L	A	O	S	P	I	X	W	F	E	R	E	N	A
E	G	K	A	Y	Z	A	T	L	I	C	P	H	I
C	U	K	E	T	I	O	P	I	A	U	A	H	C
W	A	Y	N	J	M	Q	L	C	C	V	L	A	A

ALBANIA
DANEMARCA
ETIOPIA
GRECIA
HAITI
JAMAICA
JAPONIA
LAOS
LIBAN
LIBERIA
MEXIC
NEPAL
NIGERIA
PAKISTAN
RUSIA
SOMALIA
SUDAN
SIRIA
UGANDA
UCRAINA

86 - Ecology

C	O	M	U	N	I	T	Ă	Ț	I	Ă	O	K	H
N	A	T	U	R	Ă	L	I	B	A	R	U	D	A
V	A	R	I	E	T	A	T	E	W	O	G	R	B
H	T	E	Q	P	T	J	E	W	Y	L	L	E	I
K	J	O	I	A	Ţ	W	T	J	I	F	O	S	T
Ţ	M	P	Ţ	C	Q	R	A	S	F	Z	B	U	A
P	L	A	N	T	E	Q	T	I	E	Y	A	R	T
U	M	U	X	H	N	P	I	O	S	C	L	S	C
F	A	U	N	Ă	Y	S	S	F	L	H	E	E	Y
C	L	I	M	A	T	K	R	K	G	F	L	T	L
S	U	P	R	A	V	I	E	Ț	U	I	R	E	Ă
O	F	I	R	E	S	C	V	Q	C	E	N	A	A
U	U	E	G	W	Z	O	I	M	A	R	I	N	O
S	H	H	Z	P	S	D	D	P	R	O	F	C	I

CLIMAT
COMUNITĂȚI
DIVERSITATE
SECETĂ
FAUNĂ
FLORĂ
GLOBAL
HABITAT
MARIN
FIRESC
NATURĂ
PLANTE
RESURSE
SPECIE
SUPRAVIEȚUIRE
DURABILĂ
VARIETATE

87 - Adjectives #2

S	K	X	K	T	C	Q	U	O	N	M	E	A	R
L	O	C	I	V	A	M	R	D	S	Â	L	U	E
V	Z	M	Q	L	V	L	B	W	T	N	E	T	S
O	E	T	N	I	B	R	E	I	F	D	G	E	P
H	I	A	U	O	U	E	L	N	B	R	A	N	O
I	H	R	E	Ţ	R	X	E	G	T	U	N	T	N
W	G	Ă	H	T	R	O	C	W	R	A	T	I	S
S	U	S	C	A	T	Ţ	S	H	G	Q	T	C	A
Ă	I	N	T	E	R	E	S	A	N	T	F	Q	B
N	P	U	T	E	R	N	I	C	P	Ţ	O	T	I
Ă	D	E	S	C	R	I	P	T	I	V	A	N	L
T	P	R	O	D	U	C	T	I	V	E	M	W	R
O	R	C	R	E	A	T	I	V	P	E	E	K	X
S	F	I	R	E	S	C	I	T	A	B	L	Ă	S

AUTENTIC
CREATIV
DESCRIPTIV
USCAT
ELEGANT
CELEBRU
TALENTAT
SĂNĂTOS
FIERBINTE
FOAME
INTERESANT
FIRESC
NOU
PRODUCTIV
MÂNDRU
RESPONSABIL
SĂRAT
SOMNOROS
PUTERNIC
SĂLBATIC

88 - Psychology

P	S	G	X	C	I	N	I	L	C	P	C	S	C
R	E	E	A	O	G	E	R	Z	M	E	O	U	U
O	N	M	S	N	F	Z	U	Q	N	R	M	B	N
B	Z	O	E	F	E	E	D	U	A	C	P	C	O
L	A	Ț	R	L	Y	R	N	U	T	E	O	O	A
E	Ţ	I	A	I	A	A	Â	K	E	P	R	N	Ș
M	I	I	M	C	F	U	G	E	I	Ţ	T	Ș	T
Ă	E	T	A	T	I	L	A	E	R	I	A	T	E
W	I	T	R	I	X	A	Z	W	Ă	E	M	I	R
E	P	W	G	F	D	V	U	M	L	E	E	E	E
W	A	U	O	V	L	E	M	F	I	Y	N	N	L
P	R	M	R	I	I	L	I	K	P	A	T	T	P
Z	E	Ţ	P	D	V	S	T	K	O	S	Y	V	X
P	T	A	N	X	C	S	E	W	C	N	Z	I	E

PROGRAMARE
EVALUARE
COMPORTAMENT
COPILĂRIE
CLINIC
CUNOAȘTERE
CONFLICT
VISE
EGO
EMOȚII
IDEI
PERCEPŢIE
PROBLEMĂ
REALITATE
SENZAŢIE
SUBCONȘTIENT
TERAPIE
GÂNDURI

89 - Math

V	O	L	U	M	M	G	J	U	F	A	P	E	T
P	J	B	A	J	Ţ	T	C	N	B	H	A	X	R
P	E	K	M	D	A	H	G	G	L	G	R	P	I
O	L	R	R	N	Y	D	D	H	V	Q	A	O	U
L	Ă	C	I	T	E	M	T	I	R	A	L	N	N
I	B	V	L	M	R	N	Ţ	U	K	D	E	E	G
G	G	Q	I	N	E	C	T	R	Ţ	I	L	N	H
O	J	J	L	Z	M	T	N	I	P	A	E	T	I
N	J	K	A	J	U	U	R	F	P	M	C	K	Z
V	R	V	T	V	N	Ţ	L	U	Ă	E	U	M	Q
Z	E	C	I	M	A	L	U	N	T	T	A	Q	A
F	R	A	C	Ț	I	U	N	E	R	R	Ţ	K	J
K	S	R	A	Z	Ă	P	S	S	A	U	I	T	Y
F	S	I	M	E	T	R	I	E	T	I	E	I	E

UNGHIURI
ARITMETICĂ
ZECIMAL
DIAMETRU
ECUAŢIE
EXPONENT
FRACȚIUNE
NUMERE
PARALEL
PERIMETRU
POLIGON
RAZĂ
PĂTRAT
SIMETRIE
TRIUNGHI
VOLUM

90 - Water

R	U	B	A	D	C	Z	G	X	E	L	Y	H	C
Â	M	U	B	I	W	I	Ă	H	D	U	Ș	X	L
U	U	M	N	N	T	M	Î	P	E	W	Q	X	W
I	L	I	H	U	Ţ	U	Ţ	N	A	I	G	A	X
R	R	D	C	N	P	S	M	A	G	D	Z	B	E
I	U	I	Q	D	C	O	P	E	D	H	Ă	E	I
G	R	T	C	A	L	N	L	V	Ţ	I	E	Ă	R
A	A	A	G	Ț	A	T	O	A	I	U	Z	Ț	U
R	G	T	X	I	N	E	A	P	I	M	D	A	L
E	A	E	F	I	A	L	I	O	G	E	A	E	A
T	N	E	R	U	C	I	E	R	J	D	P	H	V
Y	M	Ţ	G	M	Y	A	B	A	E	E	G	G	Z
I	O	C	E	A	N	T	U	R	S	M	L	T	H
U	K	D	C	T	B	E	J	E	T	H	Z	P	I

CANAL
UMEDE
EVAPORARE
INUNDAȚII
ÎNGHEȚ
GHEIZER
URAGAN
GHEAȚĂ
IRIGARE
LAC
UMIDITATE
MUSON
OCEAN
PLOAIE
RÂU
DUȘ
ZĂPADĂ
ABUR
CURENT
VALURI

91 - Activities

B	F	A	L	P	F	L	M	V	L	C	R	G	K
Y	N	R	F	C	F	V	A	Ă	E	A	E	R	Y
D	I	T	D	O	F	P	G	C	C	M	L	Ă	I
A	I	Ă	Y	Q	T	T	I	I	T	P	A	D	R
N	Ț	A	V	X	I	O	E	M	U	I	X	I	U
S	E	F	B	P	U	N	G	A	R	N	A	N	G
U	M	I	R	U	C	O	J	R	Ă	G	R	Ă	U
C	U	S	U	T	S	B	Q	E	A	I	E	R	Ş
H	R	U	D	P	E	A	V	C	Z	F	W	I	E
D	D	P	Ţ	W	P	O	Ţ	W	V	G	I	T	T
T	I	M	P	L	I	B	E	R	Y	Z	U	E	Ş
M	K	V	B	D	K	Q	P	L	Ă	C	E	R	E
A	C	T	I	V	I	T	A	T	E	L	U	P	M
I	N	T	E	R	E	S	E	Z	M	K	V	M	P

ACTIVITATE
ARTĂ
CAMPING
CERAMICĂ
MEŞTEŞUGURI
DANS
PESCUIT
JOCURI
GRĂDINĂRIT
DRUMEȚII
INTERESE
TIMP LIBER
MAGIE
FOTOGRAFIE
PLĂCERE
LECTURĂ
RELAXARE
CUSUT

92 - Business

V	I	E	I	M	O	N	O	C	E	B	K	M	R
R	E	I	Ă	N	H	J	D	Q	O	N	Y	A	E
K	R	N	C	R	V	O	U	I	A	S	Ă	N	D
S	A	I	I	O	R	E	X	A	T	S	T	A	U
Z	Z	Z	R	T	E	Ţ	S	X	W	T	U	G	C
B	N	A	B	A	U	H	C	T	H	Ţ	L	E	E
I	Â	G	A	J	V	R	T	A	I	O	A	R	R
R	V	A	F	A	U	A	I	J	U	Ț	V	K	E
O	O	M	B	G	G	T	M	A	V	B	I	T	P
U	Y	B	Ţ	N	Q	N	S	G	M	A	V	I	E
M	M	Q	P	A	K	A	Ţ	N	A	N	I	F	K
C	A	R	I	E	R	Ă	P	A	R	I	N	Z	X
C	O	M	P	A	N	I	E	O	F	H	E	P	S
B	U	G	E	T	J	W	E	D	Ă	Y	A	R	S

BUGET
CARIERĂ
COMPANIE
COST
VALUTĂ
REDUCERE
ECONOMIE
ANGAJAT
ANGAJATOR
FABRICĂ

FINANŢA
VENITURI
INVESTIȚII
MANAGER
MARFĂ
BANI
BIROU
VÂNZARE
MAGAZIN
TAXE

93 - The Company

P	R	P	C	B	M	C	W	R	W	I	P	J	P
R	E	R	E	R	A	J	A	G	N	A	O	C	R
E	P	O	I	S	E	R	G	O	R	P	S	A	O
Z	U	F	V	T	Ţ	A	O	H	O	A	I	L	D
E	T	E	E	U	I	H	T	X	T	F	B	I	U
N	A	S	S	I	K	E	F	I	A	A	I	T	S
T	T	I	R	U	T	I	N	E	V	C	L	A	S
A	I	O	U	M	W	R	U	D	O	E	I	T	R
R	E	N	S	X	Ţ	T	N	E	N	R	T	E	I
E	Z	A	E	F	Y	S	I	C	I	I	A	Ţ	S
V	T	L	R	V	X	U	T	I	P	Ţ	T	Q	C
G	L	O	B	A	L	D	Ă	Z	Z	X	E	U	U
X	B	U	T	Ţ	Z	N	Ț	I	W	U	W	W	R
A	P	D	H	X	I	I	I	E	W	C	E	S	I

AFACERI
CREATIV
DECIZIE
ANGAJARE
GLOBAL
INDUSTRIE
INOVATOR
POSIBILITATE
PREZENTARE
PRODUS
PROFESIONAL
PROGRES
CALITATE
REPUTATIE
RESURSE
VENITURI
RISCURI
UNITĂȚI

94 - Literature

A	A	T	P	E	E	R	E	I	R	C	S	E	D
M	U	Ă	O	I	I	G	I	K	O	I	T	N	A
E	D	T	Ţ	F	Z	I	G	Ă	M	I	R	U	N
T	Y	O	O	A	U	G	O	L	A	I	D	I	A
A	Y	D	U	R	L	S	L	C	N	Ţ	Z	Ț	L
F	M	C	R	G	C	K	A	G	V	L	Q	C	I
O	T	E	W	O	N	A	N	Ă	V	Q	J	I	Z
R	Z	N	S	I	O	K	A	M	E	O	P	F	Ă
Ă	W	A	I	B	C	I	T	E	O	P	S	R	J
N	A	R	A	T	O	R	U	T	N	Y	T	I	N
C	O	M	P	A	R	A	Ț	I	E	E	I	T	Z
T	R	A	G	E	D	I	E	U	D	J	L	M	F
X	G	R	M	O	L	Z	A	B	K	B	L	M	K
I	Q	S	G	R	G	K	U	R	J	D	U	R	C

ANALOGIE
ANALIZĂ
ANECDOTĂ
AUTOR
BIOGRAFIE
COMPARAȚIE
CONCLUZIE
DESCRIERE
DIALOG
FICȚIUNE
METAFORĂ
NARATOR
ROMAN
POEM
POETIC
RIMĂ
RITM
STIL
TEMĂ
TRAGEDIE

95 - Geography

L	P	U	V	L	A	M	V	G	B	M	G	X	A
I	N	S	U	L	Ă	N	X	M	R	A	V	T	D
A	L	T	I	T	U	D	I	N	E	R	Z	A	A
E	D	N	V	H	P	K	M	E	D	E	P	R	T
M	J	E	L	A	T	I	T	U	D	I	N	E	L
I	F	N	I	P	V	N	G	N	U	P	U	M	A
S	C	I	O	G	M	R	O	T	S	E	V	U	S
F	T	T	C	X	Ț	U	E	R	S	Q	O	L	H
E	T	N	E	L	A	S	N	G	D	K	V	O	Ţ
R	L	O	A	Y	R	P	G	T	I	G	I	R	A
Ă	Q	C	N	K	Ă	G	Q	E	E	U	N	A	V
S	C	M	E	R	I	D	I	A	N	C	N	Ș	Ţ
R	Â	U	I	R	O	T	I	R	E	T	H	E	C
H	A	R	T	Ă	B	B	R	U	P	N	N	U	T

ALTITUDINE
ATLAS
ORAȘ
CONTINENT
ȚARĂ
EMISFERĂ
INSULĂ
LATITUDINE
HARTĂ
MERIDIAN
MUNTE
NORD
OCEAN
REGIUNE
RÂU
MARE
SUD
TERITORIU
VEST
LUME

96 - Pets

Q	X	M	V	C	Ș	R	C	I	Z	P	T	A	E
N	U	B	S	O	A	O	O	H	H	E	B	L	Ţ
O	G	Ș	F	A	Z	O	P	I	S	Ş	M	I	E
A	T	U	W	D	Y	K	X	Â	I	T	V	M	V
P	E	L	L	Ă	R	A	N	I	R	E	T	E	V
Ă	C	E	I	E	N	K	Ă	S	E	L	Y	N	R
Q	E	Ț	U	R	R	T	E	I	T	A	Ă	T	P
C	R	Ă	U	A	U	Ţ	D	Y	S	G	C	E	I
X	A	C	O	E	B	A	L	G	M	A	I	R	S
Z	O	P	M	H	A	F	C	K	A	P	S	U	O
Y	Ș	Q	R	G	L	T	G	U	H	A	I	P	I
V	A	C	Ă	Ă	C	Â	I	N	E	P	P	E	F
J	G	Ţ	U	S	Ţ	Y	S	B	P	B	R	I	W
T	H	N	B	V	T	N	R	R	K	I	D	P	A

PISICĂ
GHEARE
GULER
VACĂ
CÂINE
PEŞTE
ALIMENTE
CAPRĂ
HAMSTER
PISOI
LESĂ
ȘOPÂRLĂ
ȘOARECE
PAPAGAL
LABE
CĂȚELUȘ
IEPURE
COADĂ
VEȚERINAR
APĂ

97 - Jazz

I	H	O	P	Y	P	T	N	M	A	C	C	F	Q
N	M	M	Q	U	I	A	O	U	P	O	O	A	C
T	H	P	N	I	Y	L	U	Z	L	M	M	V	O
C	O	V	R	I	K	E	Q	I	A	P	P	O	N
M	E	B	O	O	N	N	W	C	U	O	O	R	C
N	K	S	E	M	V	T	W	Ă	Z	Z	Z	I	E
C	Â	N	T	E	C	I	Y	S	E	I	I	T	R
R	I	T	M	V	V	Q	Z	A	L	Ţ	T	E	T
A	I	T	N	E	C	C	A	A	F	I	O	W	N
L	I	T	S	C	Q	Q	S	L	Ţ	E	R	U	B
B	S	F	J	H	N	I	O	K	I	I	I	O	A
U	W	Ţ	Q	I	A	R	T	I	S	T	E	A	Y
M	O	R	C	H	E	S	T	R	Ă	A	Q	O	L
L	C	E	L	E	B	R	U	R	T	E	Q	D	I

ALBUM
APLAUZE
ARTIST
COMPOZITOR
COMPOZIŢIE
CONCERT
TOBE
ACCENT
CELEBRU
FAVORITE
IMPROVIZAŢIE
MUZICĂ
NOU
VECHI
ORCHESTRĂ
RITM
CÂNTEC
STIL
TALENT

98 - Nature

U	Z	C	Z	U	I	A	P	P	G	A	C	G	I
T	R	E	Ș	E	D	T	L	O	H	N	D	A	D
T	Q	A	C	Z	C	X	O	Q	E	I	R	O	N
R	E	Ț	O	O	B	U	S	W	Ț	M	A	F	S
O	Ț	Ă	C	I	N	Ș	A	P	A	A	L	R	T
P	E	E	I	Ţ	D	C	U	C	R	L	B	U	Â
I	S	A	N	C	T	U	A	R	I	E	I	N	N
C	U	B	I	U	Â	R	U	J	B	P	N	Z	C
A	M	Z	N	C	I	T	C	R	A	Ă	E	E	I
L	U	O	E	U	V	Z	Y	C	T	D	K	X	L
B	R	K	S	T	T	B	O	V	X	U	Y	J	R
Y	F	X	V	I	T	A	L	R	C	R	E	M	L
D	I	N	A	M	I	C	J	V	E	E	U	K	Y
S	Ă	L	B	A	T	I	C	J	J	C	N	V	I

ANIMALE
ARCTIC
FRUMUSEȚE
ALBINE
STÂNCI
NORI
DEȘERT
DINAMIC
EROZIUNE
CEAȚĂ
FRUNZE
PĂDURE
GHEȚAR
PAȘNICĂ
RÂU
SANCTUAR
SENIN
TROPICAL
VITAL
SĂLBATIC

99 - Vacation #2

P	A	Ș	A	P	O	R	T	B	Q	Q	Y	Z	M
C	Ţ	C	R	E	S	T	A	U	R	A	N	T	L
C	O	I	X	A	T	R	E	N	S	Z	A	L	I
C	Ă	R	B	H	A	Z	P	K	P	Q	E	C	I
A	Ț	L	T	N	Y	E	C	X	Z	Ţ	F	S	I
M	N	E	Ă	A	Q	K	N	I	D	G	M	V	B
P	A	T	Z	T	T	R	A	N	S	P	O	R	T
I	C	O	I	O	O	P	L	A	J	Ă	U	D	Q
N	A	H	V	Z	I	R	Ă	V	R	E	Z	E	R
G	V	F	B	F	F	N	I	Ă	R	T	S	H	Z
A	E	R	O	P	O	R	T	E	R	A	M	A	Z
D	E	S	T	I	N	A	Ţ	I	E	X	K	R	Z
U	R	B	A	R	E	B	I	L	P	M	I	T	Ţ
I	N	S	U	L	Ă	H	Ţ	N	T	W	L	Ă	Y

AEROPORT
PLAJĂ
CAMPING
DESTINAŢIE
STRĂIN
VACANȚĂ
HOTEL
INSULĂ
CĂLĂTORIE
TIMP LIBER
HARTĂ
PAȘAPORT
REZERVĂRI
RESTAURANT
MARE
TAXI
CORT
TREN
TRANSPORT
VIZĂ

100 - Electricity

T	I	L	R	O	T	A	R	E	N	E	G	B	Z
F	O	F	A	E	E	T	A	T	I	T	N	A	C
J	T	T	E	S	Ț	Y	Z	O	F	P	Ţ	T	R
H	Z	G	N	C	E	E	R	I	F	W	I	E	X
T	X	V	U	J	F	R	A	P	A	Ă	C	R	T
E	C	H	I	P	A	M	E	N	T	Z	I	I	E
L	P	F	Z	E	L	E	C	T	R	I	C	E	L
A	O	W	I	M	A	G	N	E	T	R	B	B	E
M	Z	Y	V	P	Z	J	F	O	B	P	Q	I	F
P	I	A	E	B	V	S	Ţ	C	A	B	L	U	O
Ă	T	V	L	O	B	I	E	C	T	E	P	U	N
A	I	K	E	Ţ	N	E	G	A	T	I	V	W	R
B	V	K	T	D	E	P	O	Z	I	T	A	R	E
E	L	E	C	T	R	I	C	I	A	N	U	I	Ţ

BATERIE
BEC
CABLU
ELECTRIC
ELECTRICIAN
ECHIPAMENT
GENERATOR
LAMPĂ
LASER
MAGNET
NEGATIV
REȚEA
OBIECTE
POZITIV
CANTITATE
PRIZĂ
DEPOZITARE
TELEFON
TELEVIZIUNE
FIRE

1 - Antiques

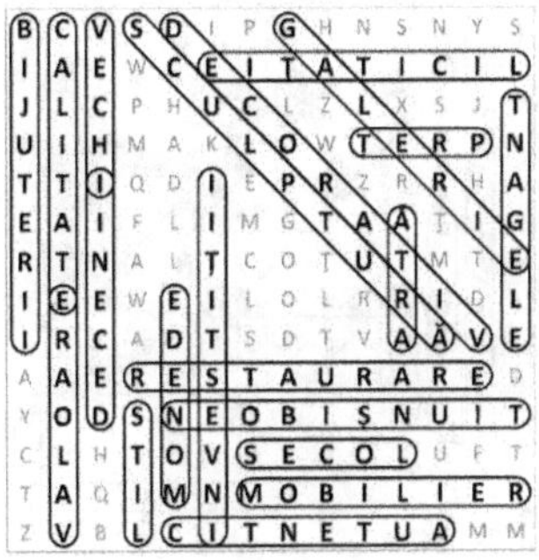

2 - Food #1

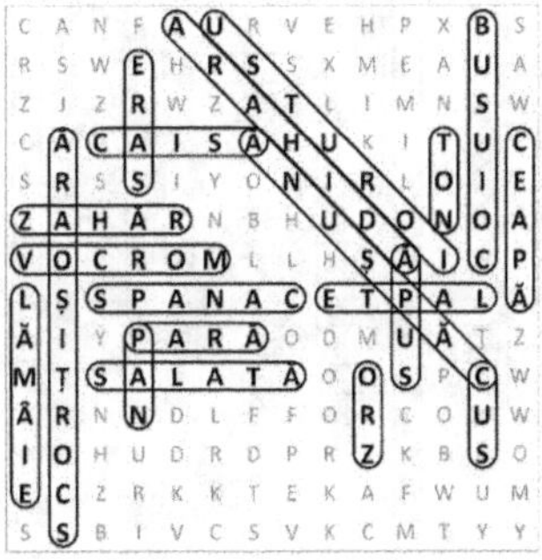

3 - Measurements

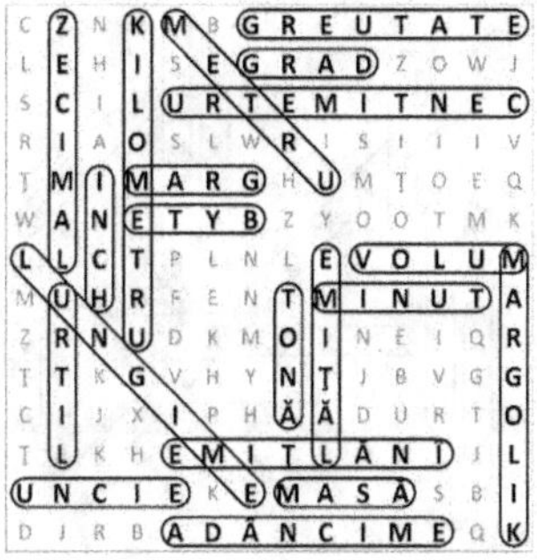

4 - Farm #2

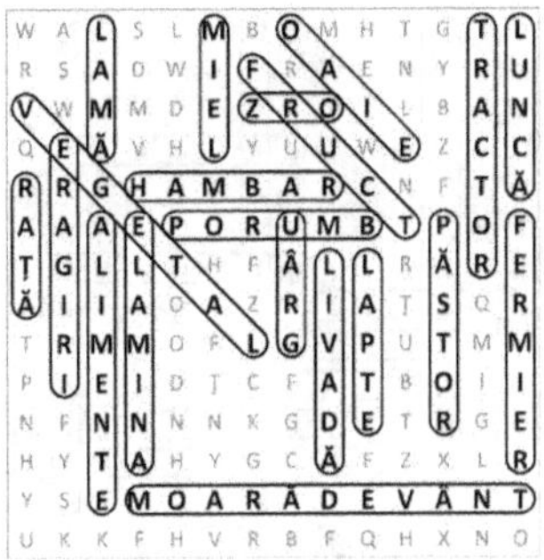

5 - Books

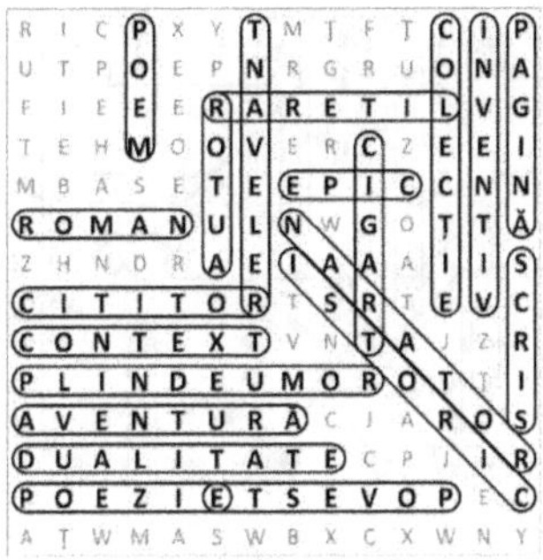

6 - Meditation

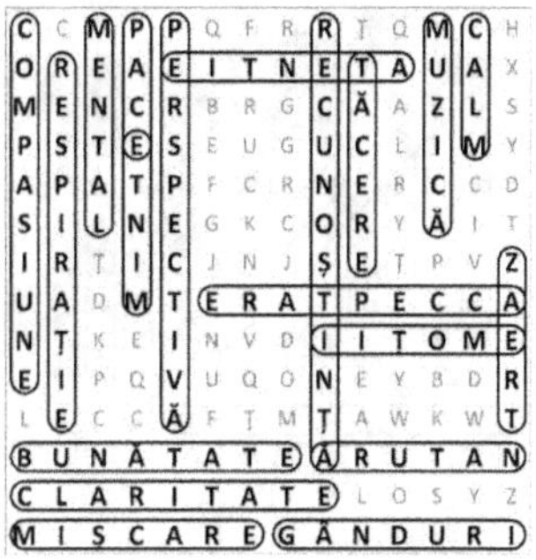

7 - Days and Months

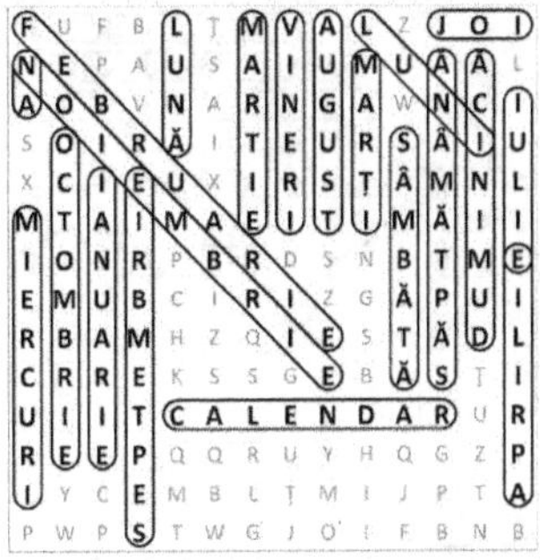

8 - Energy

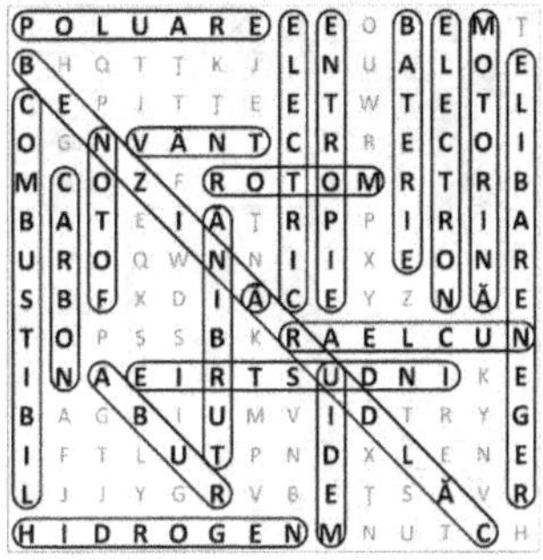

9 - Chess

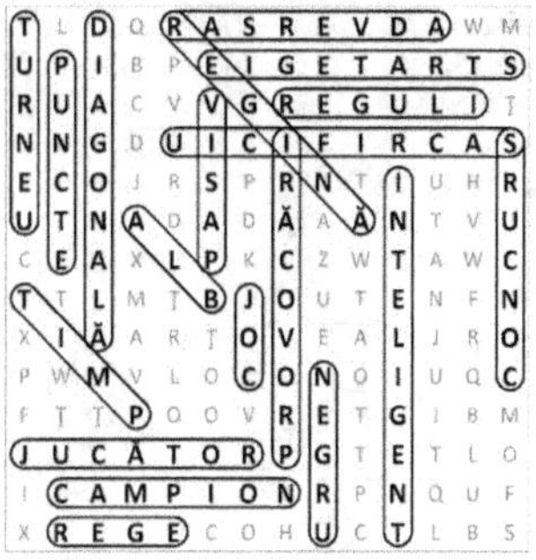

10 - Archeology

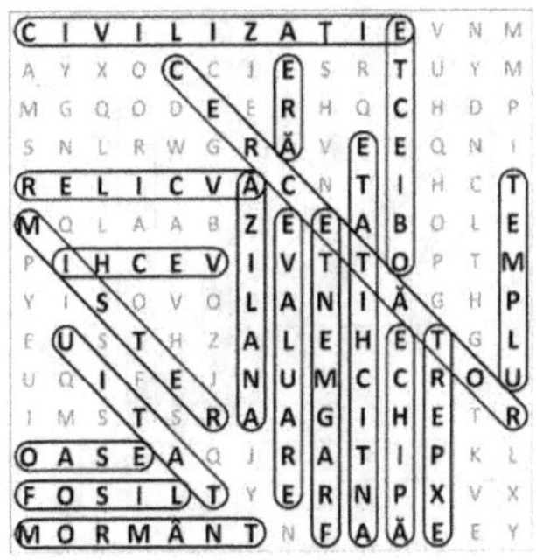

11 - Food #2

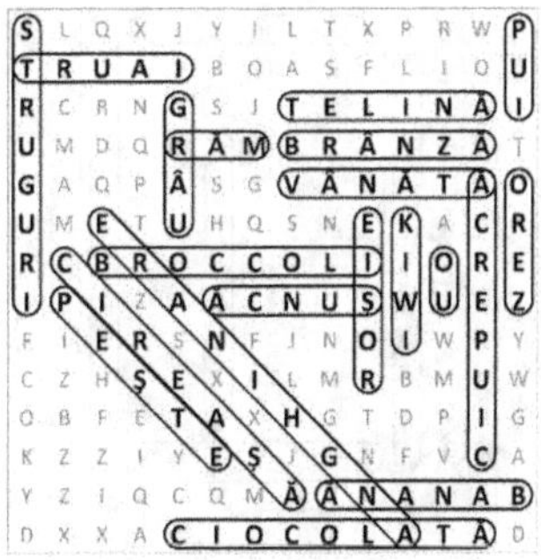

12 - Chemistry

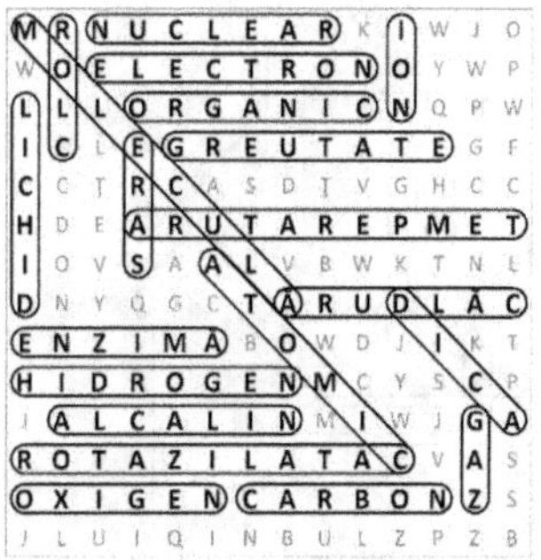

13 - Music

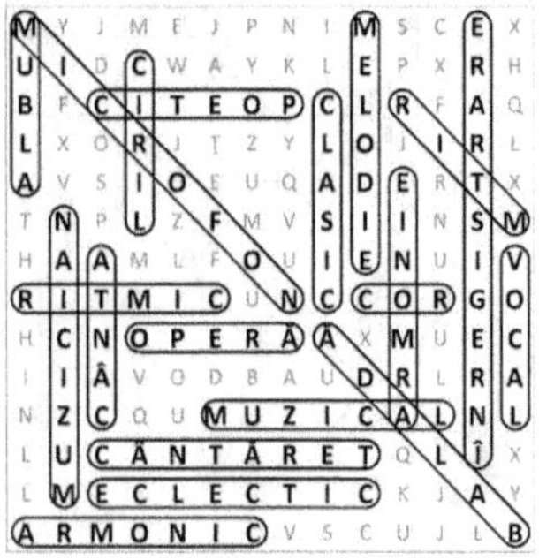

14 - Family

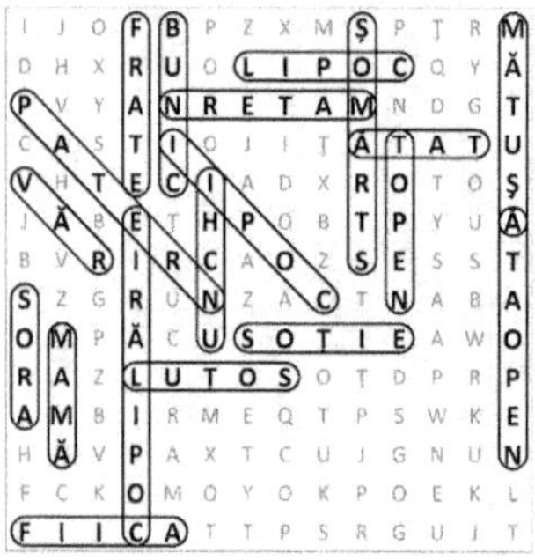

15 - Farm #1

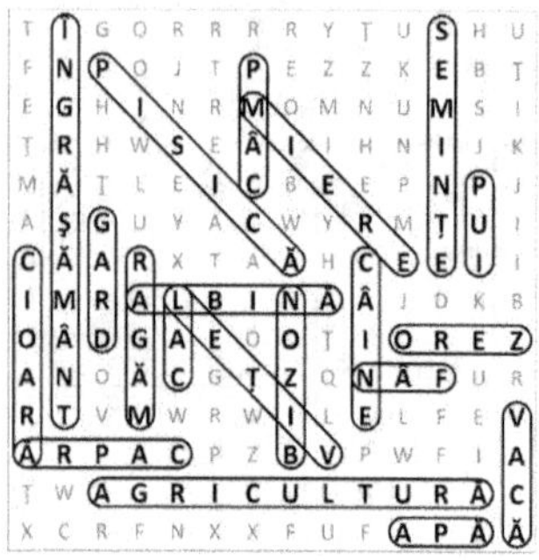

16 - Camping

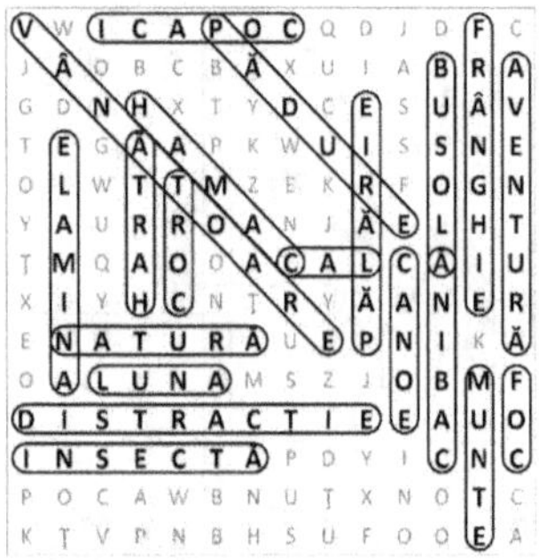

17 - Cats

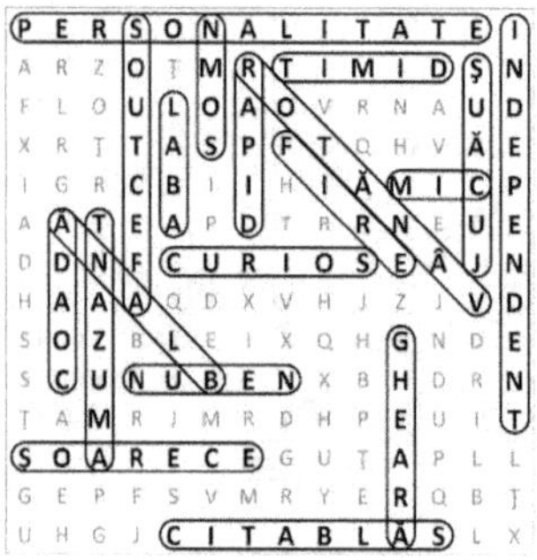

18 - Algebra

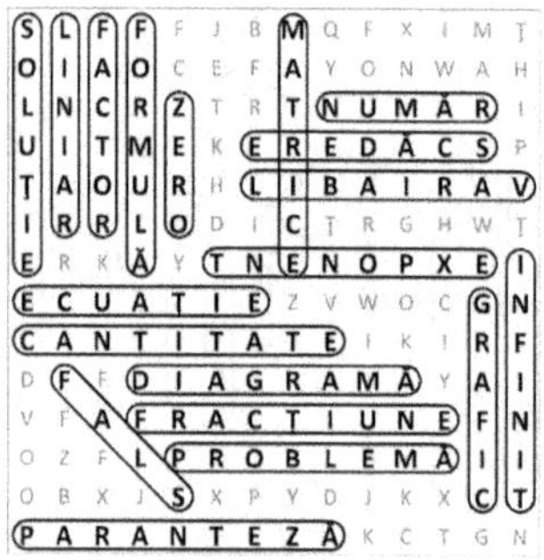

19 - Numbers

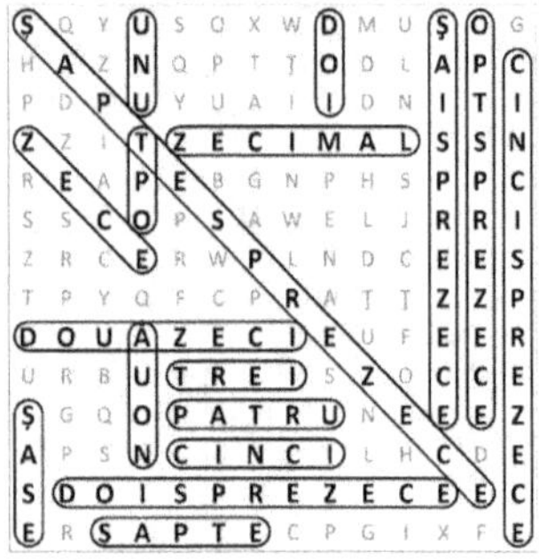

20 - Spices

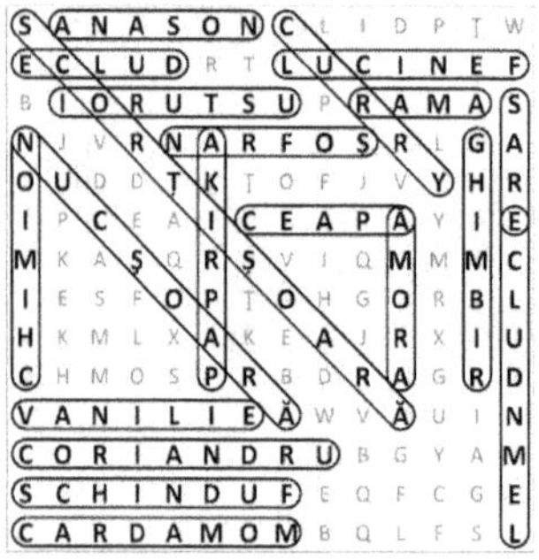

21 - Universe

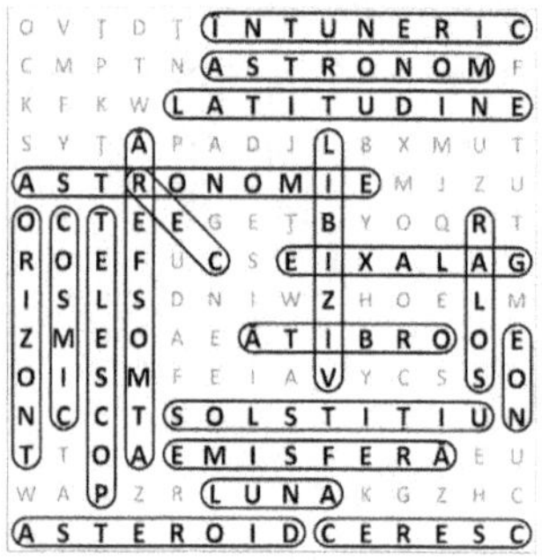

22 - Mammals

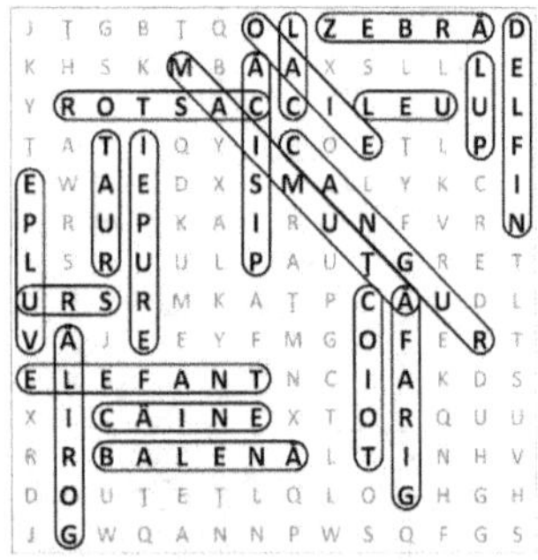

23 - Bees

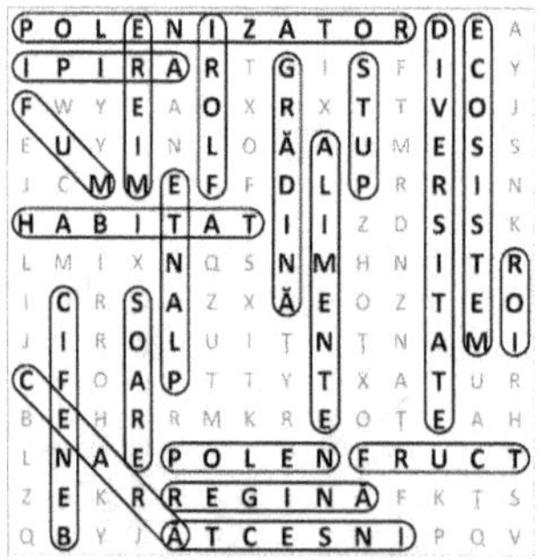

24 - Weather

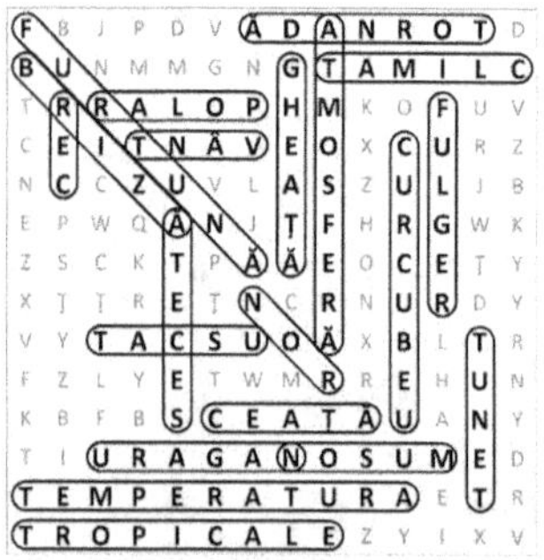

25 - Adventure

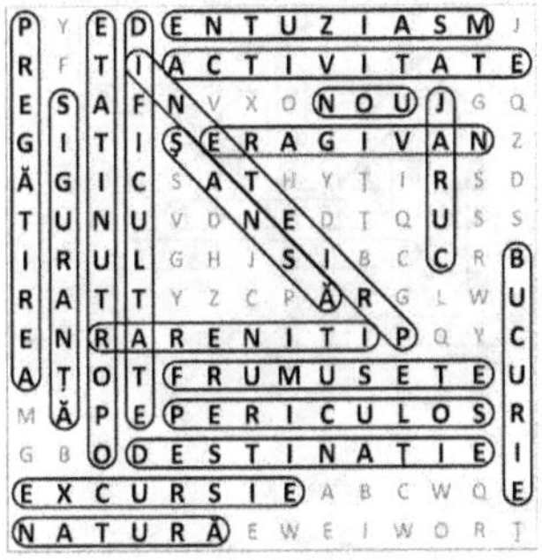

26 - Circus

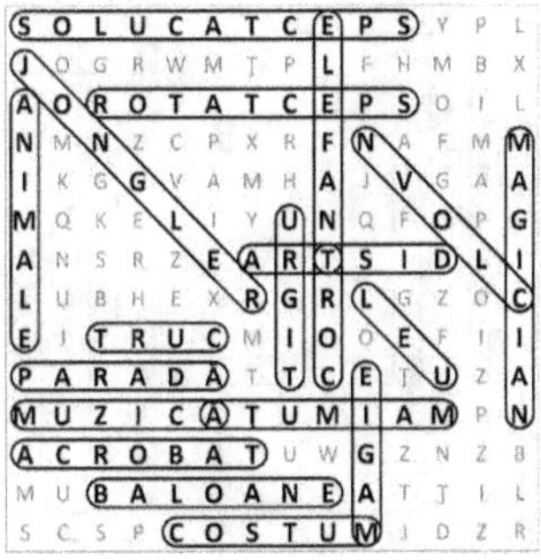

27 - Restaurant #2

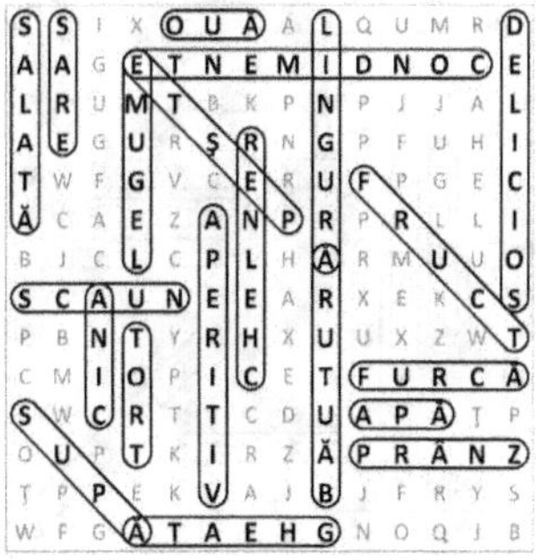

28 - Geology

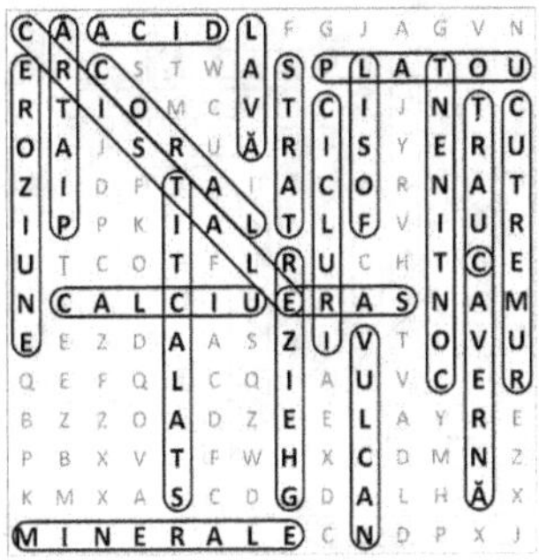

29 - House

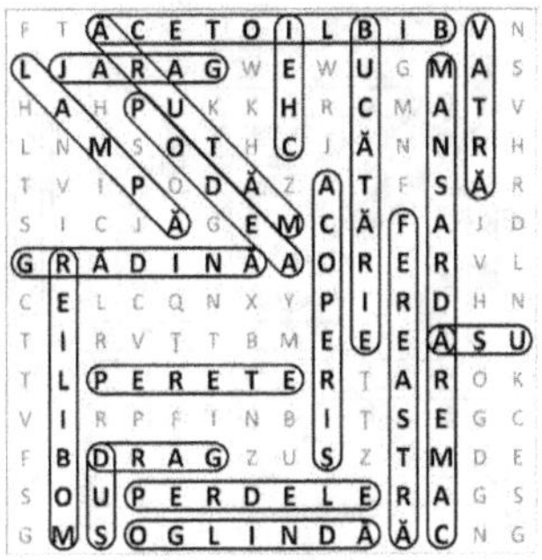

30 - Physics

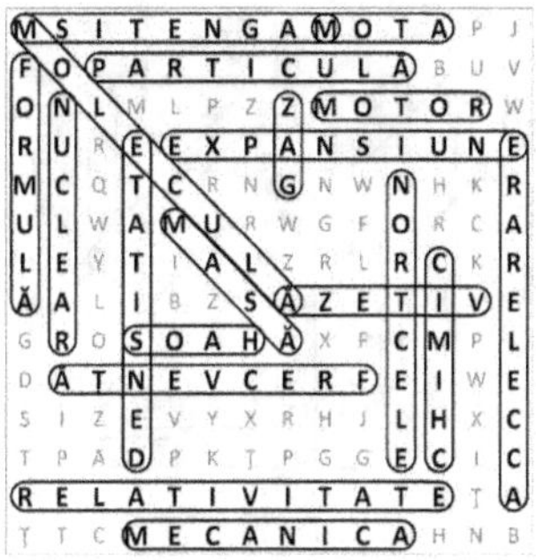

31 - Shapes

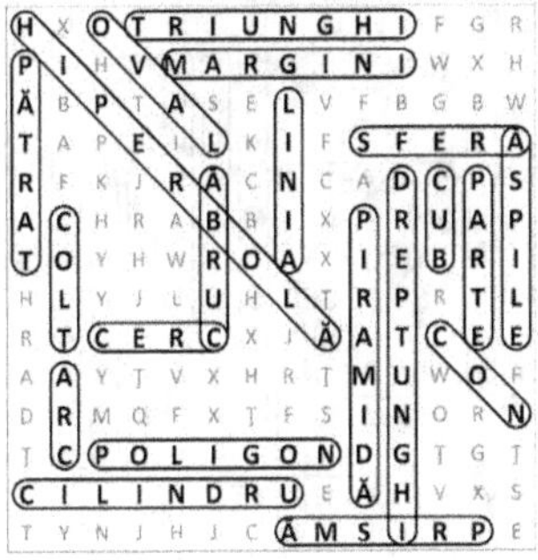

32 - Scientific Disciplines

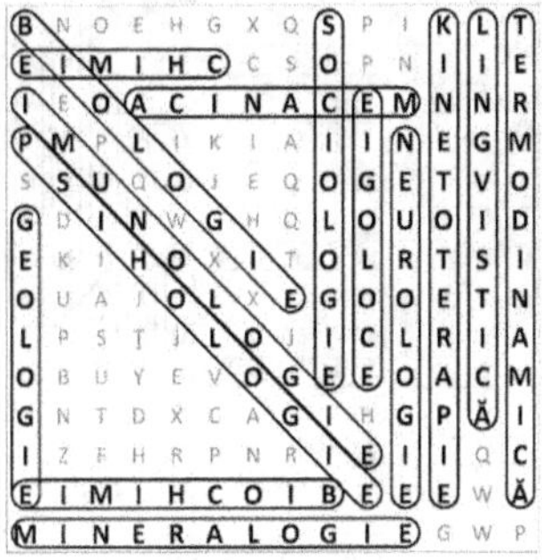

33 - Science

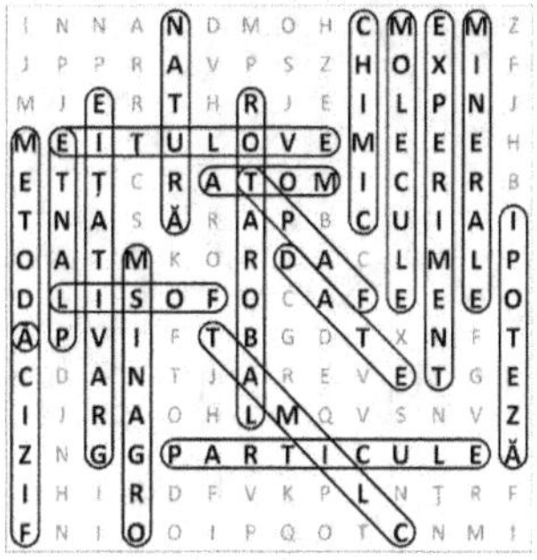

34 - Beauty

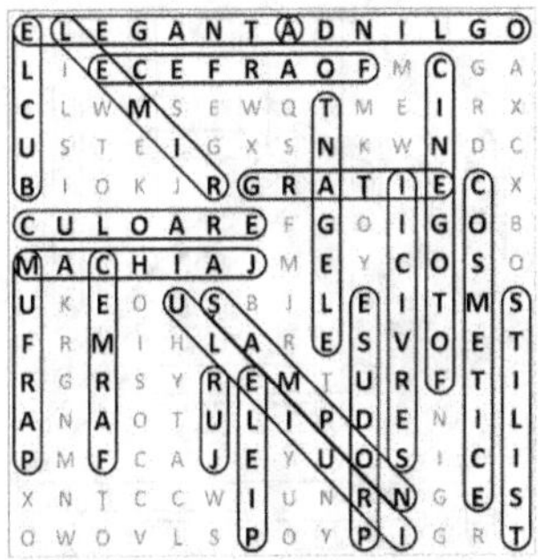

35 - Clothes

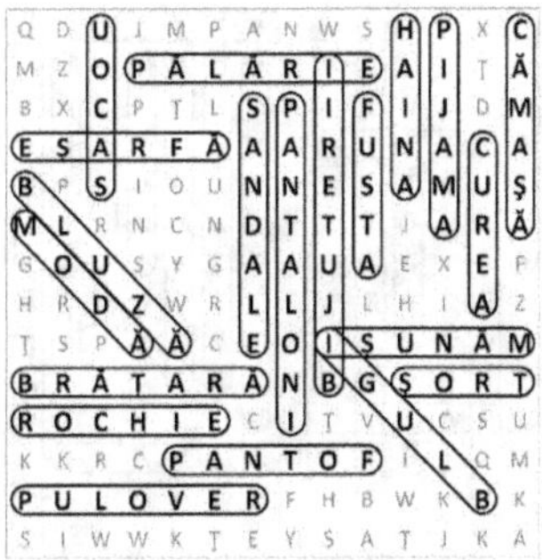

36 - Ethics

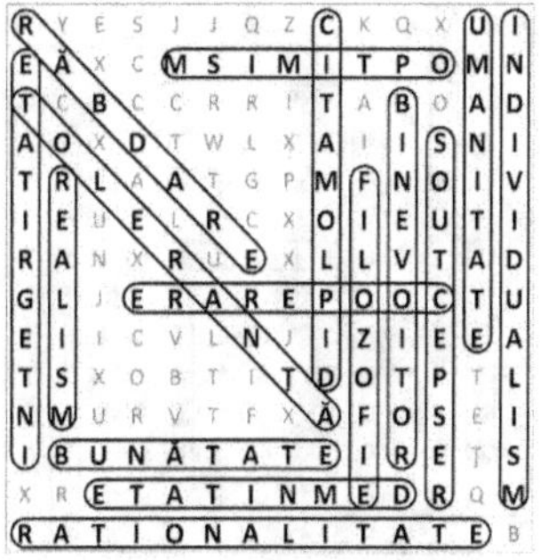

37 - Astronomy

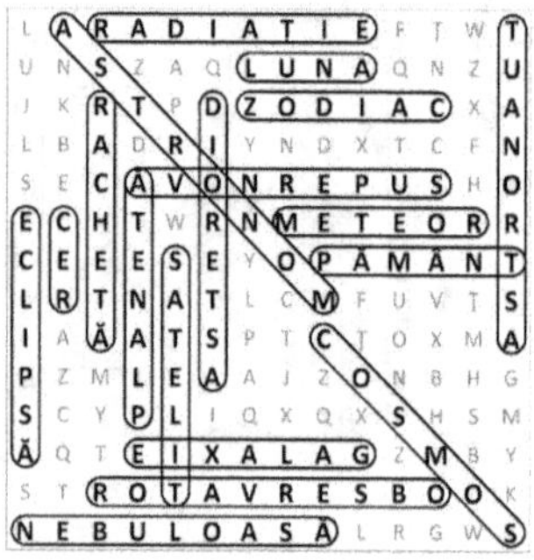

38 - Health and Wellness #2

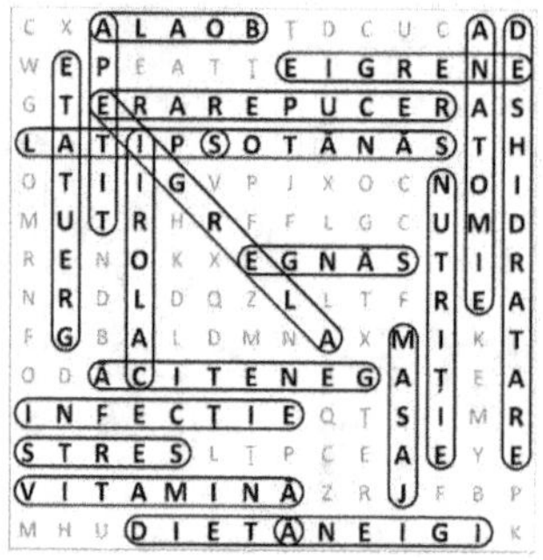

39 - Time

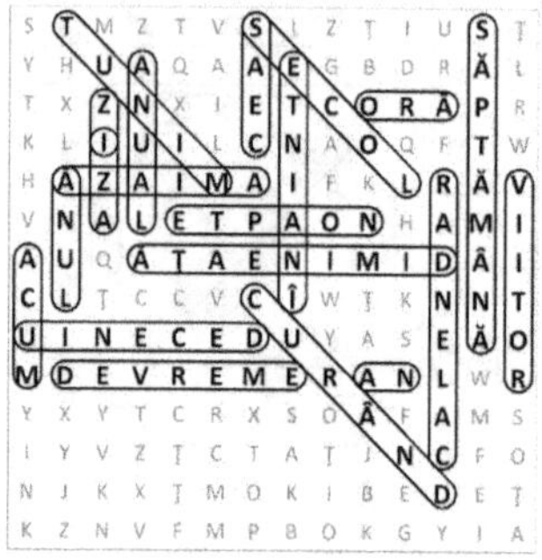

40 - Buildings

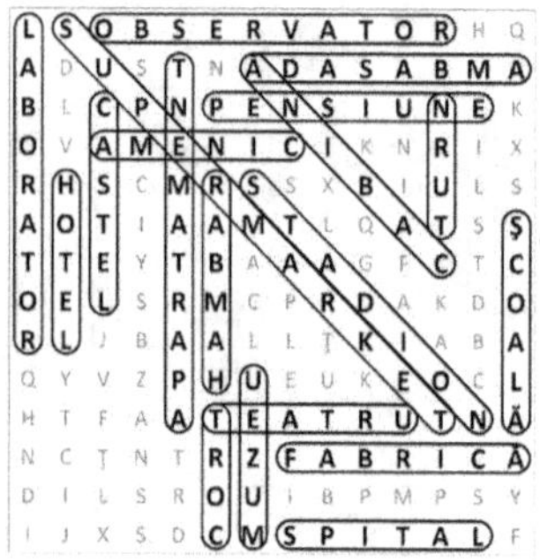

41 - Philanthropy

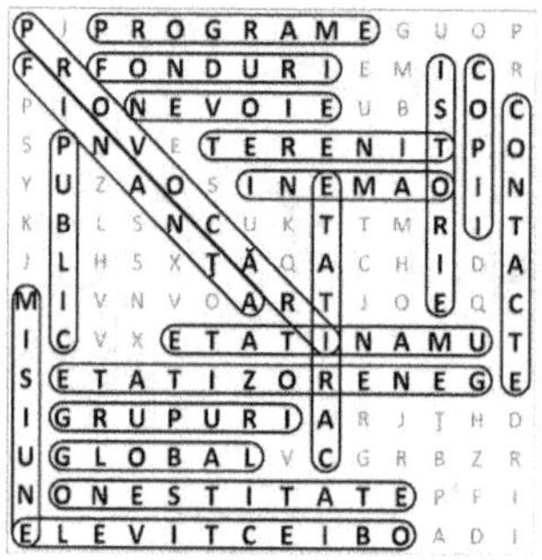

42 - Herbalism

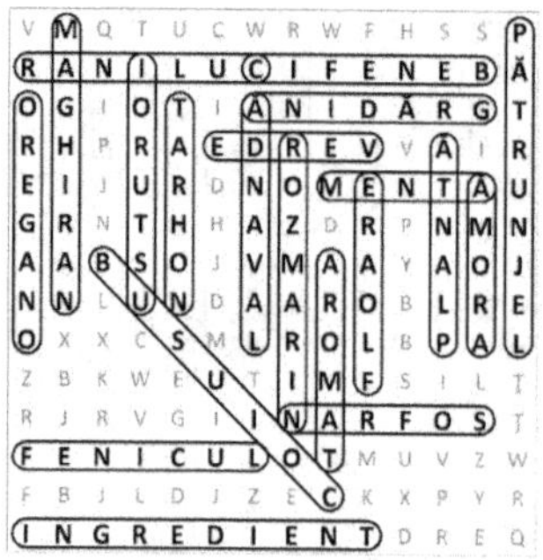

43 - Vehicles

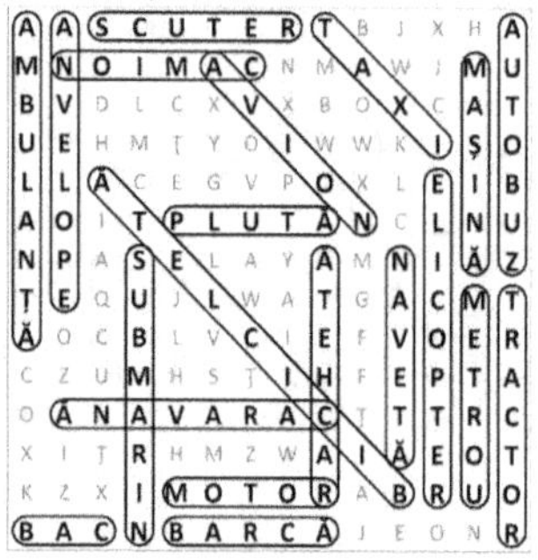

44 - Health and Wellness #1

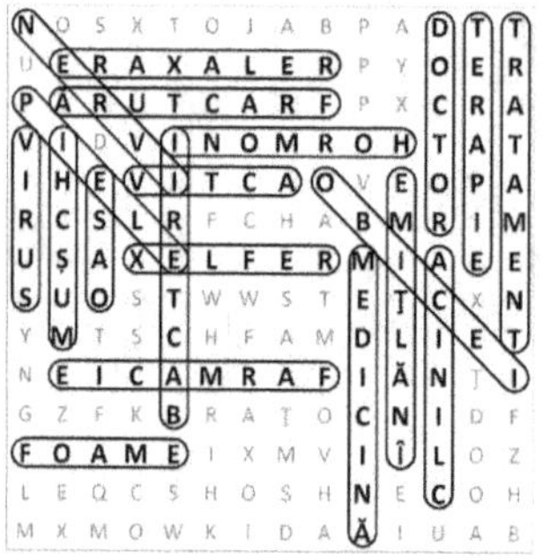

45 - Town

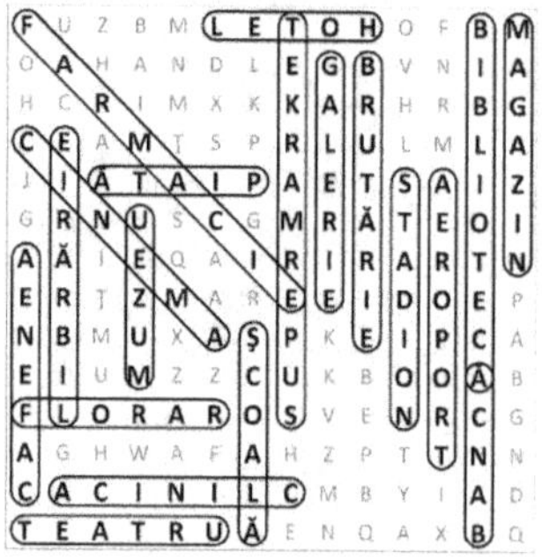

46 - Antarctica

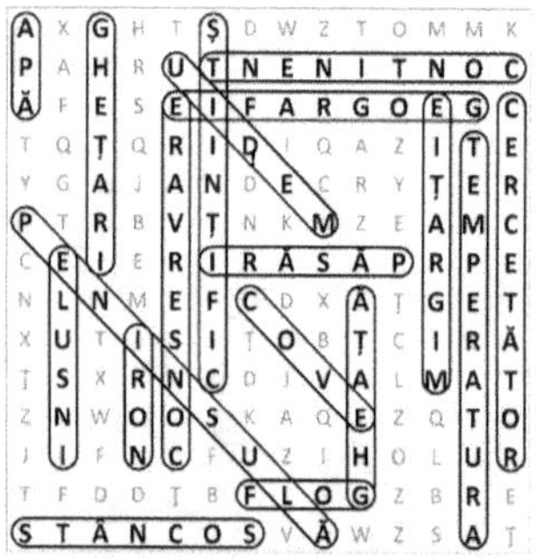

47 - Ballet

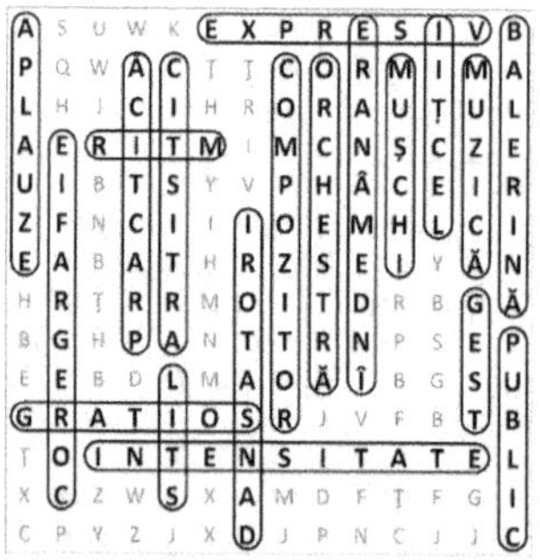

48 - Fashion

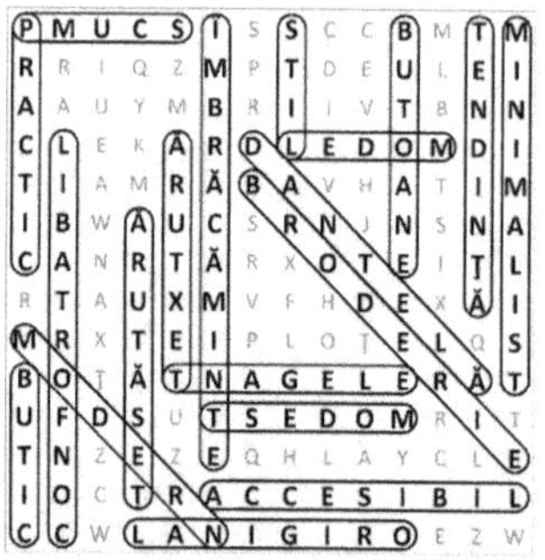

49 - Human Body

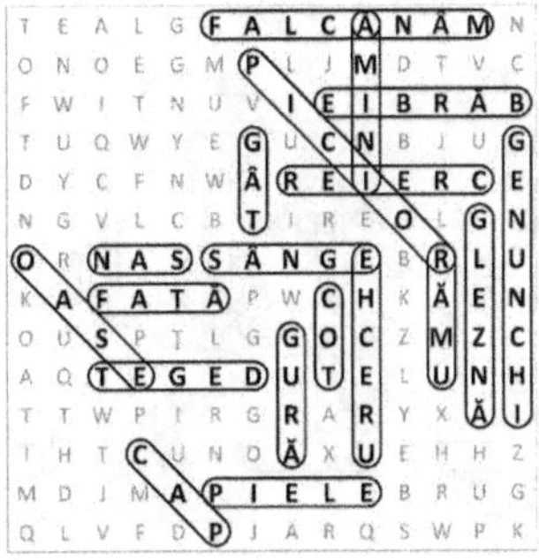

50 - Musical Instruments

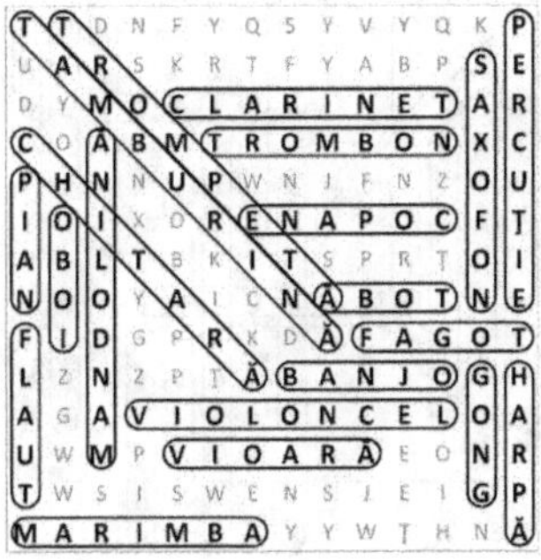

51 - Fruit

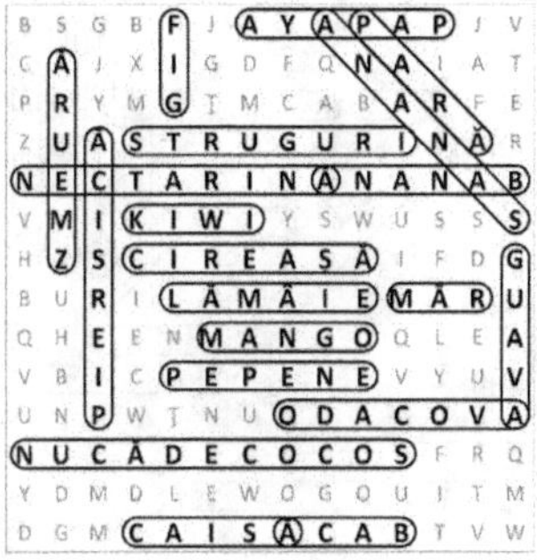

52 - Virtues #1

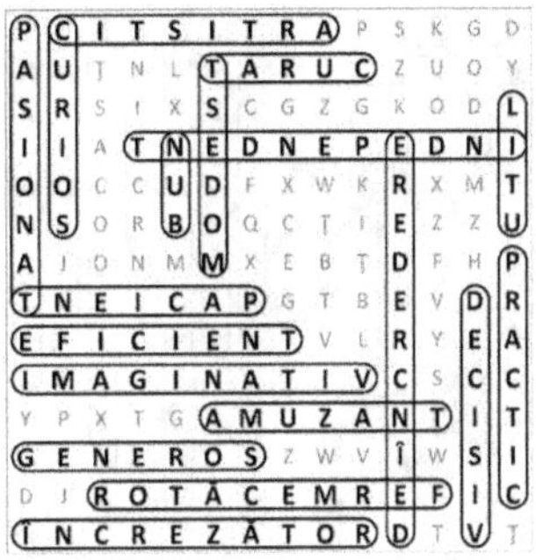

53 - Engineering

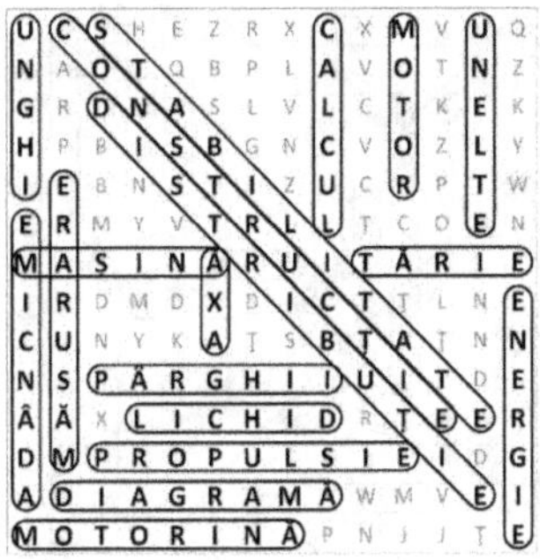

54 - Kitchen

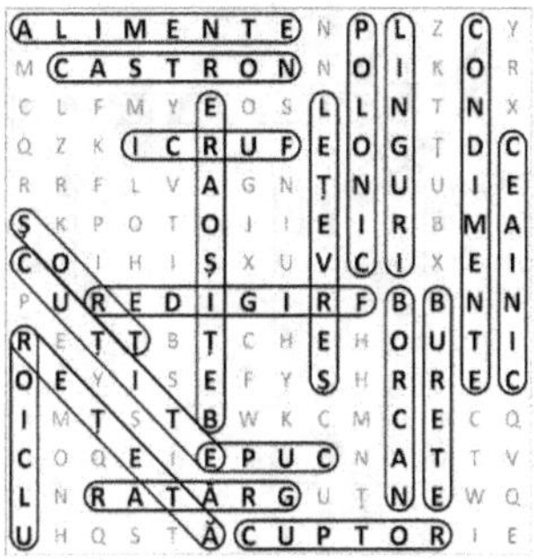

55 - Government

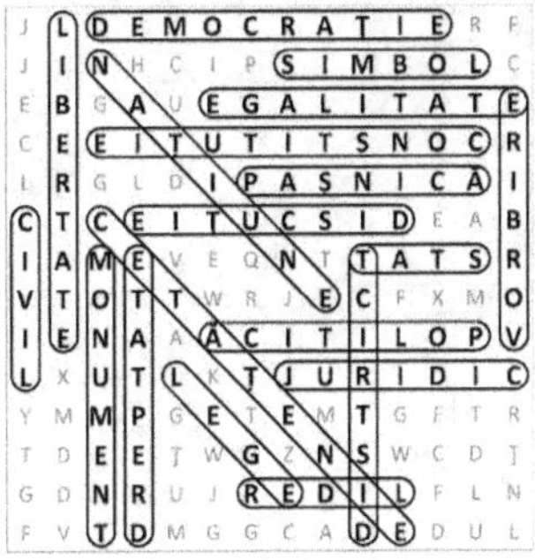

56 - Art Supplies

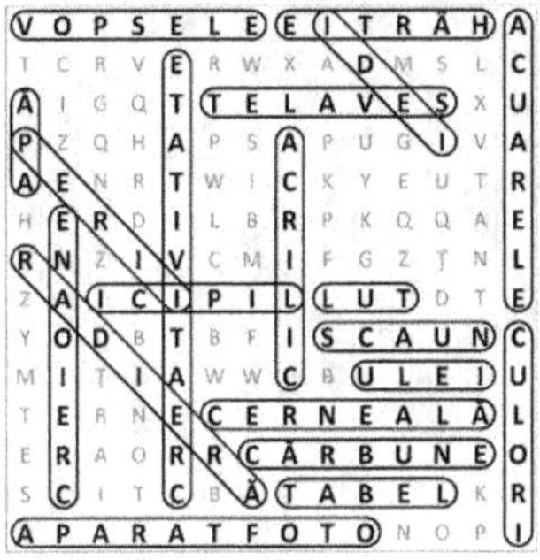

57 - Science Fiction

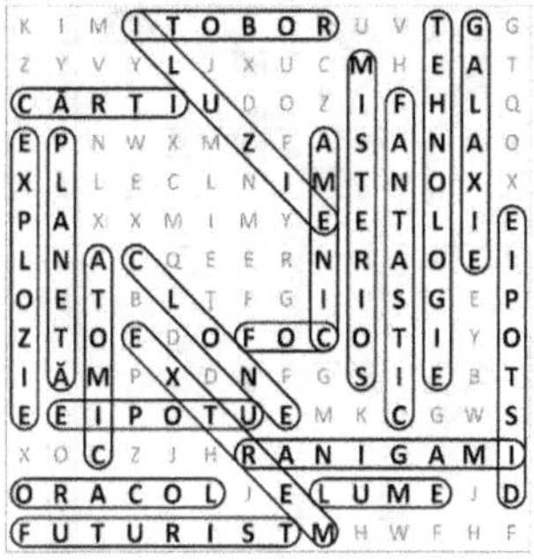

58 - Geometry

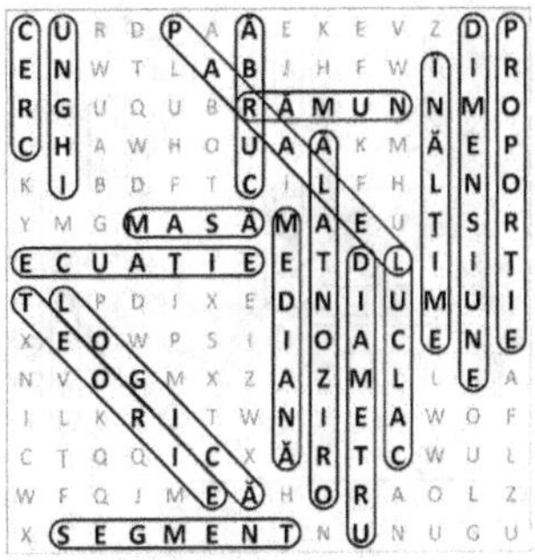

59 - Creativity

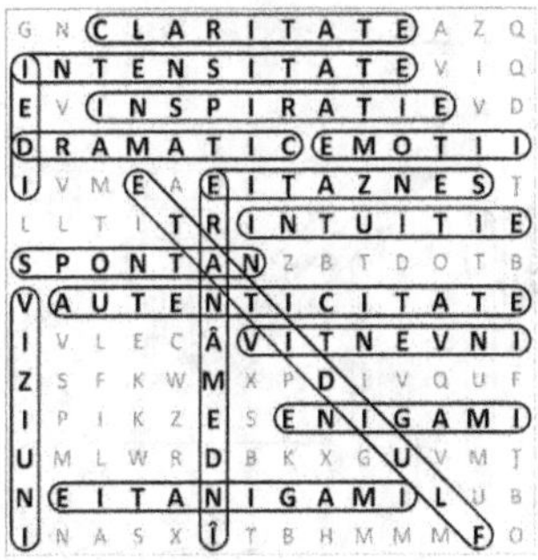

60 - Airplanes

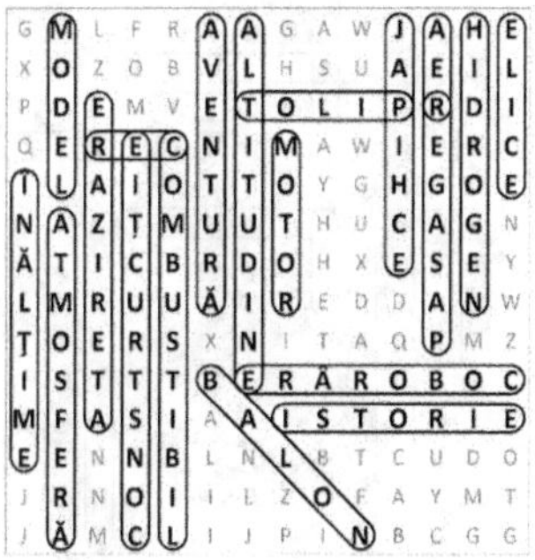

61 - Ocean

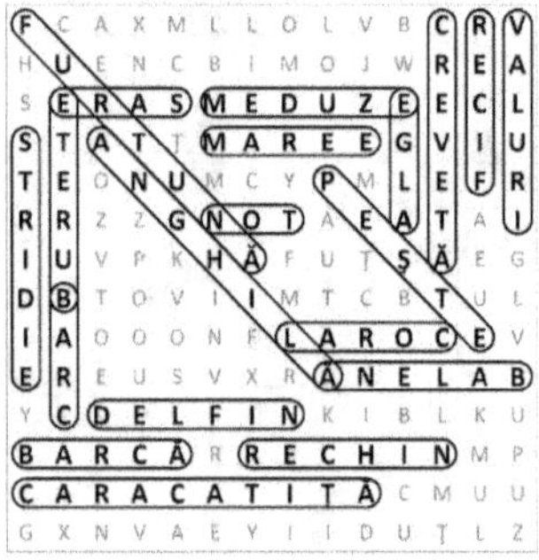

62 - Force and Gravity

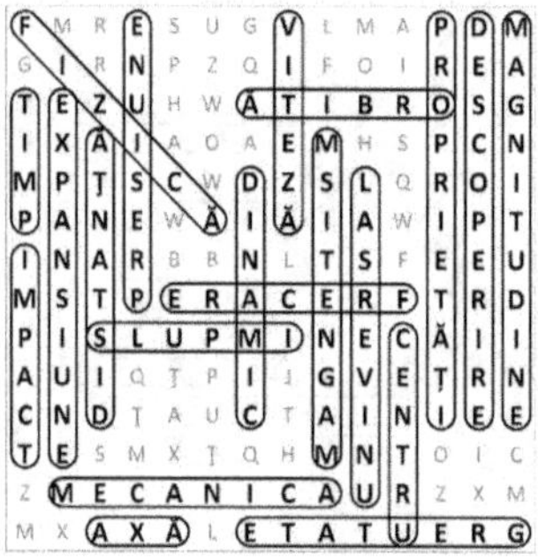

63 - Birds

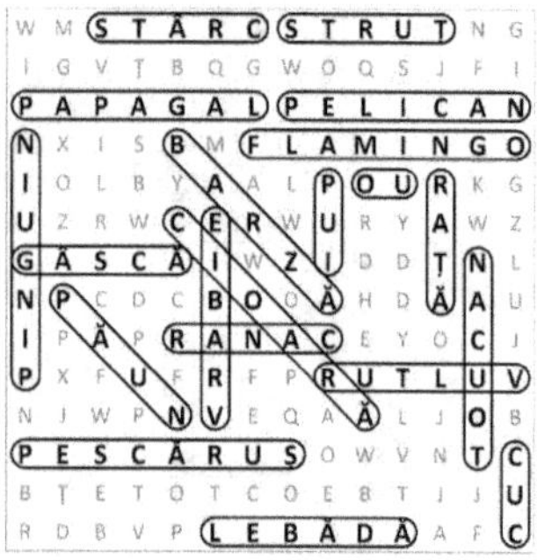

64 - Nutrition

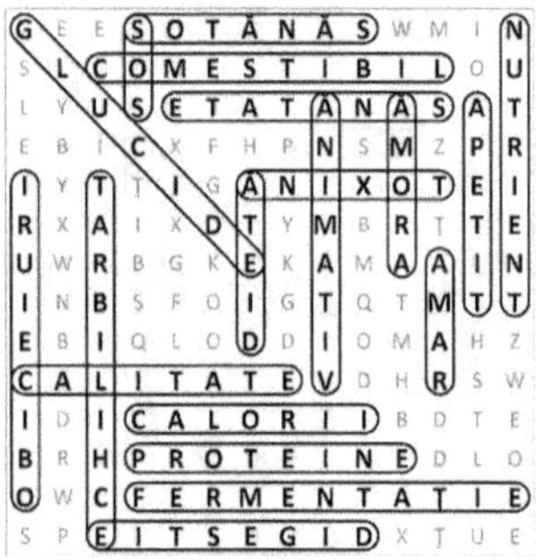

65 - Hiking

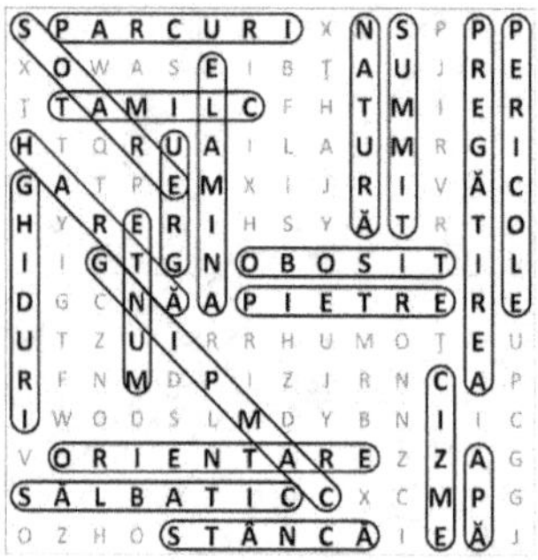

66 - Professions #1

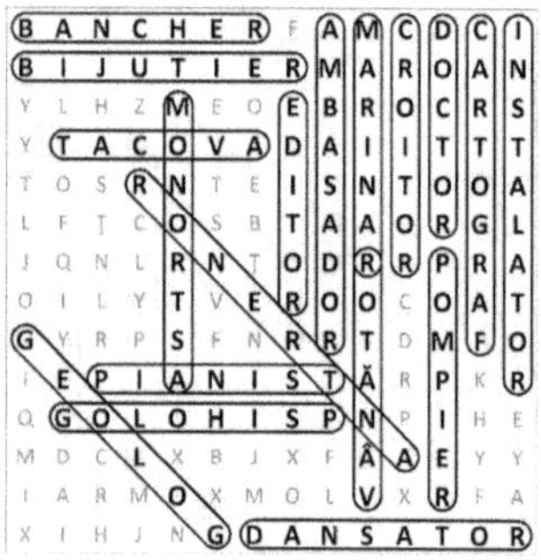

67 - Barbecues

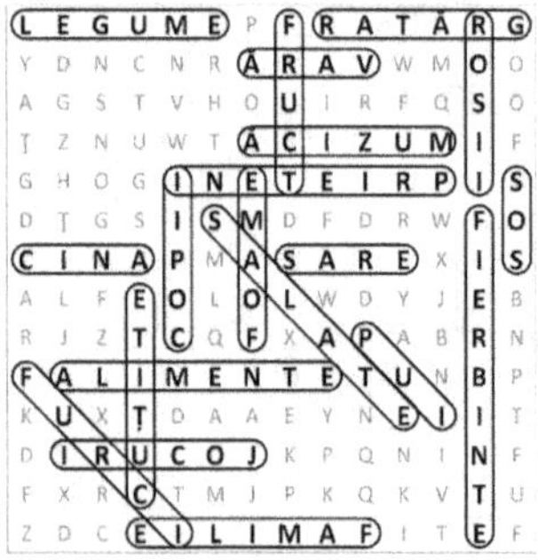

68 - Vegetables

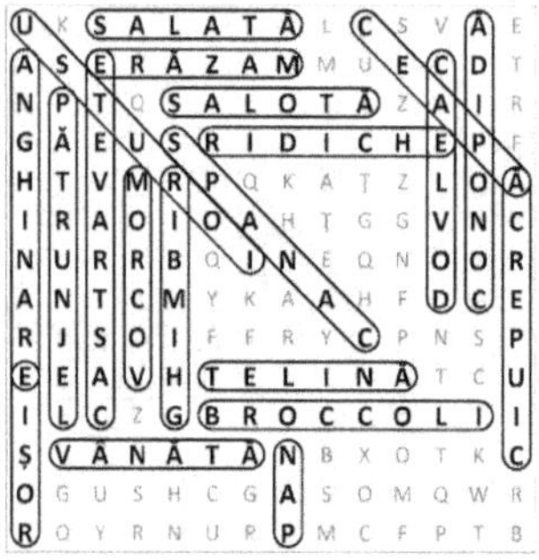

69 - The Media

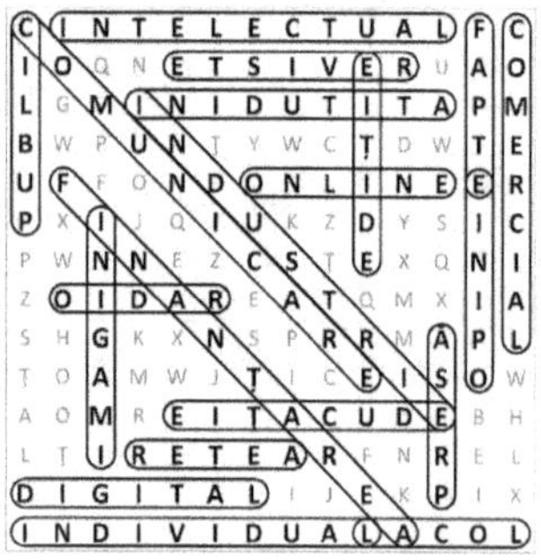

70 - Boats

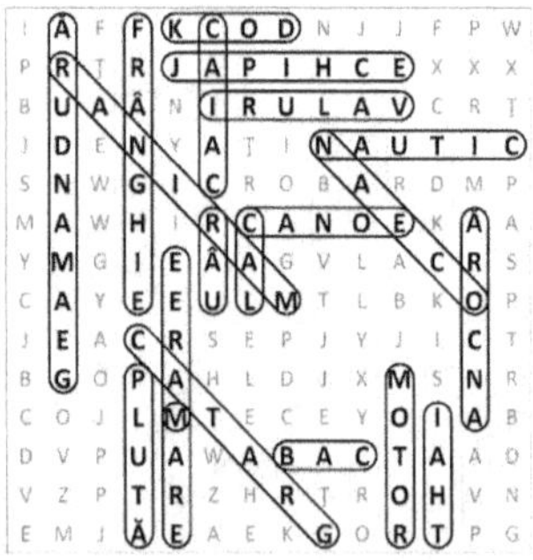

71 - Activities and Leisure

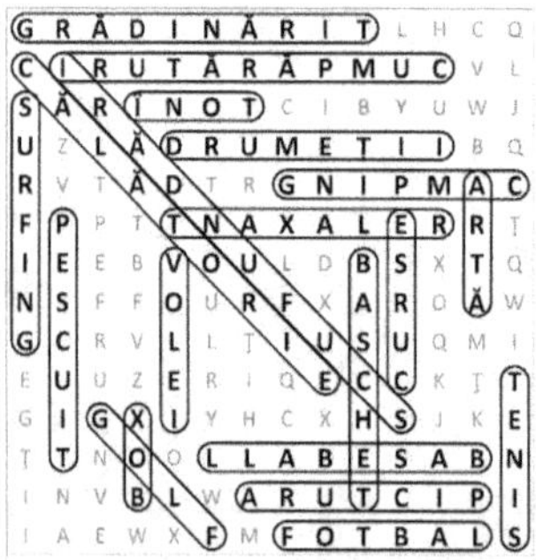

72 - Driving

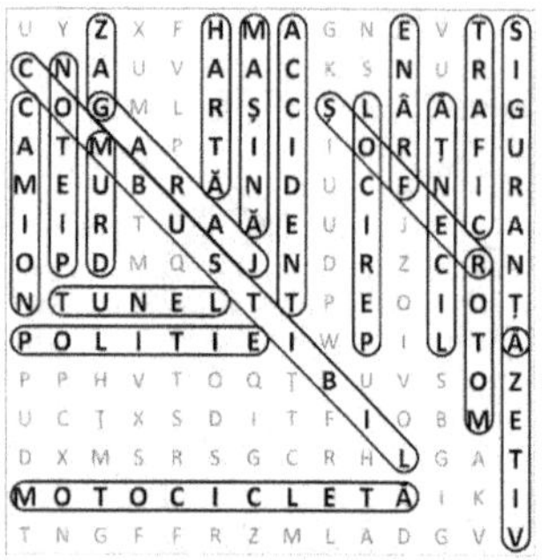

73 - Professions #2

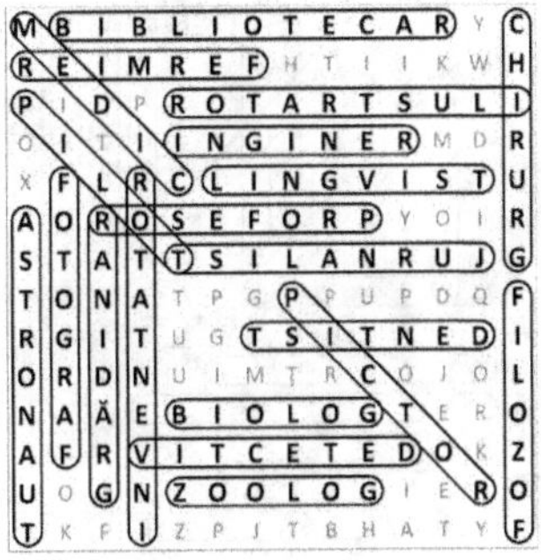

74 - Emotions

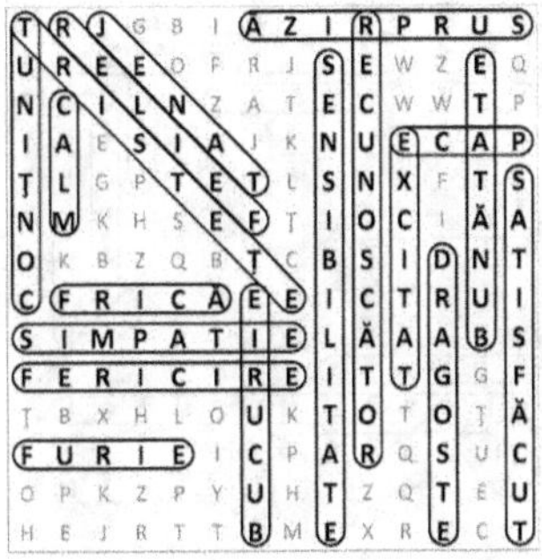

75 - Mythology

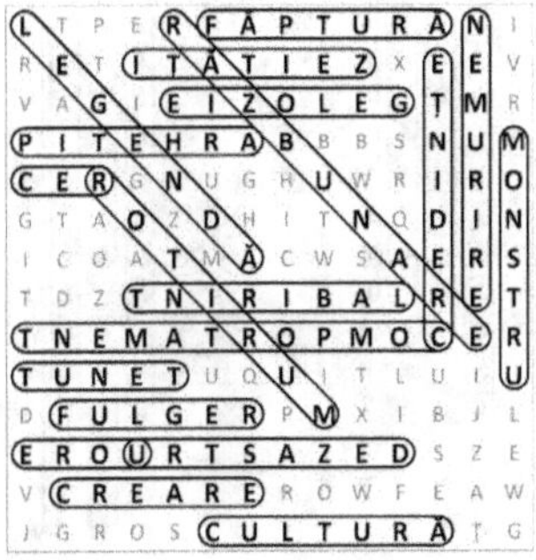

76 - Hair Types

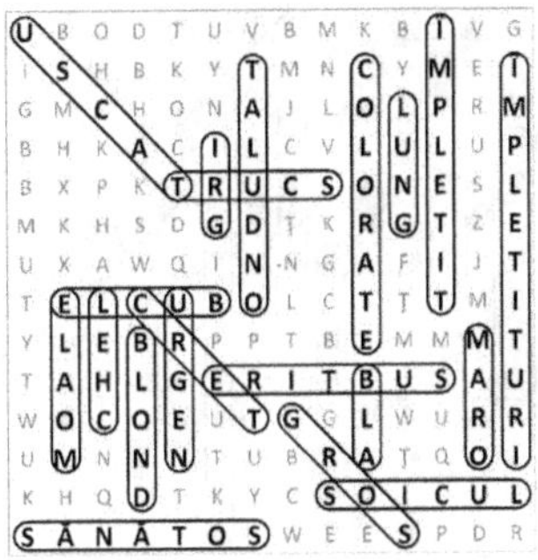

77 - Garden

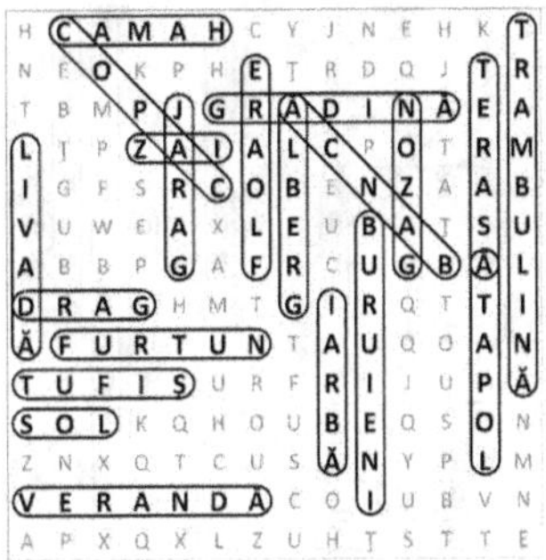

78 - Diplomacy

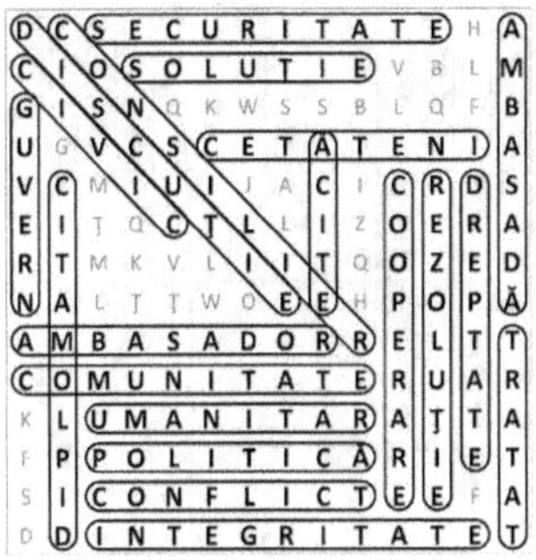

79 - Countries #1

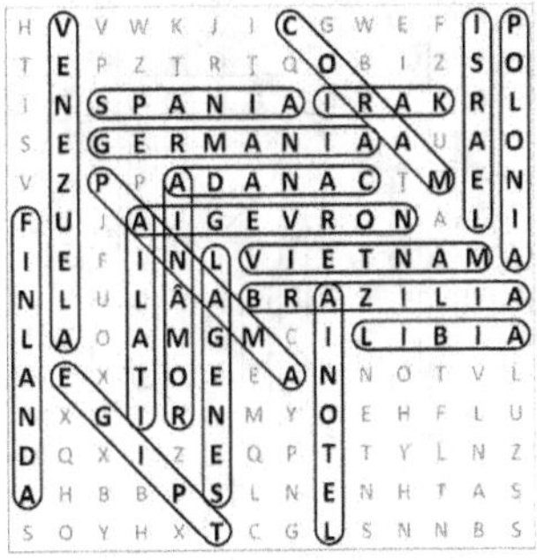

80 - Adjectives #1

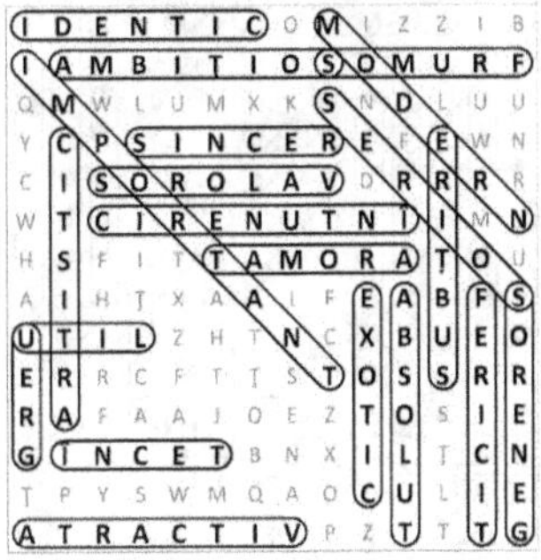

81 - Rainforest

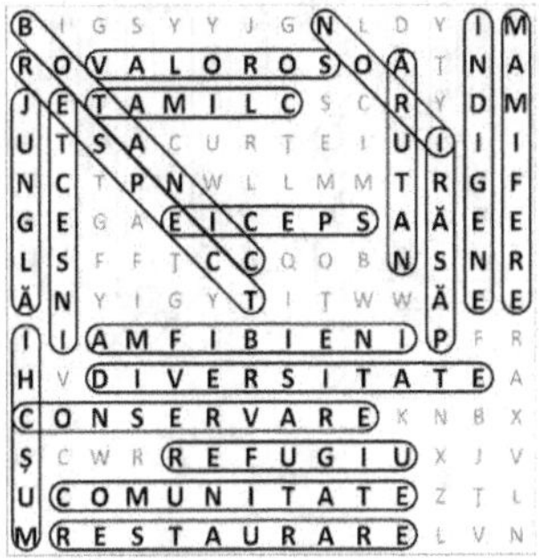

82 - Landscapes

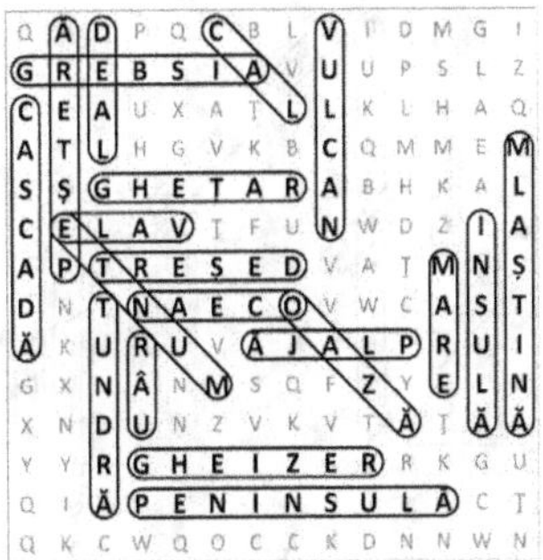

83 - Visual Arts

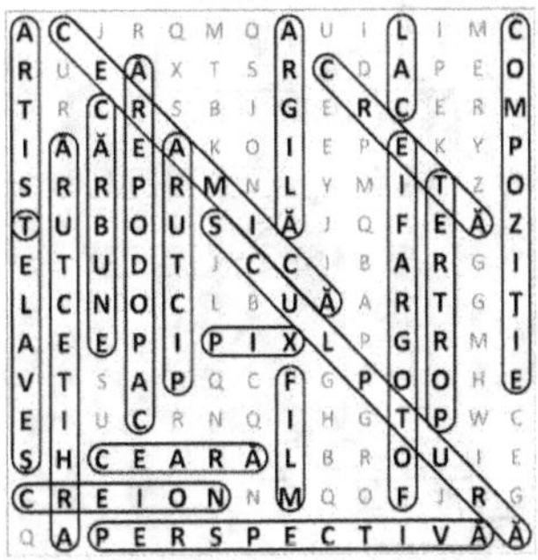

84 - Plants

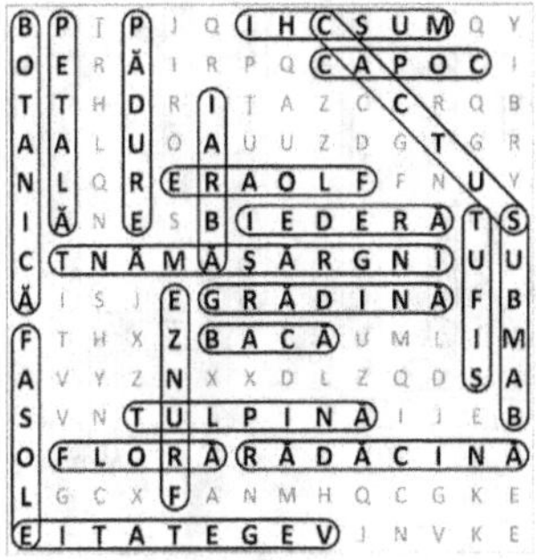

85 - Countries #2

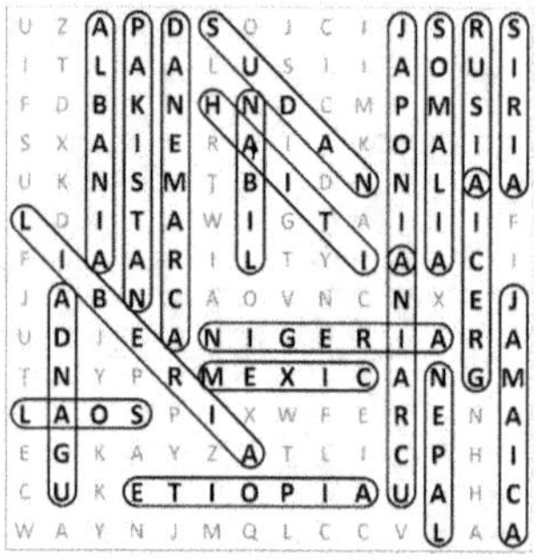

86 - Ecology

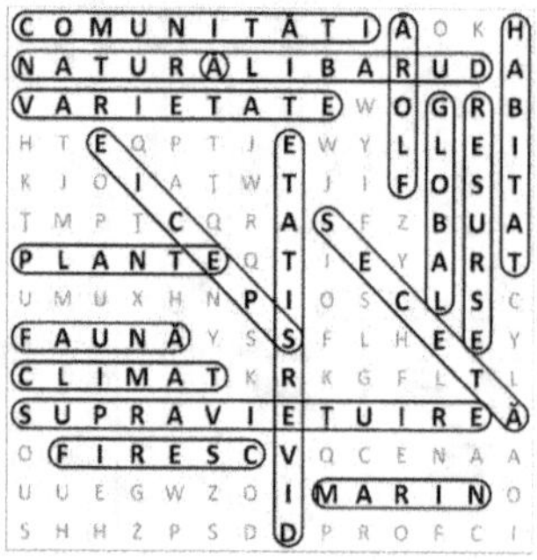

87 - Adjectives #2

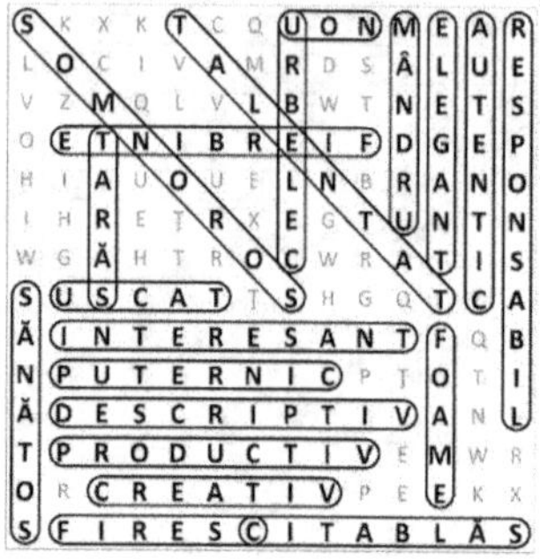

88 - Psychology

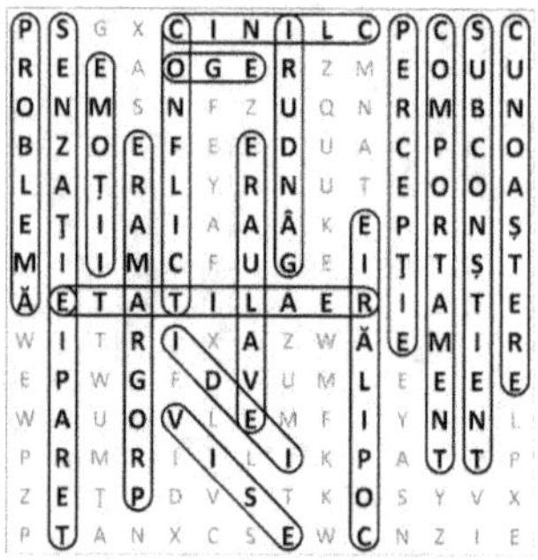

89 - Math

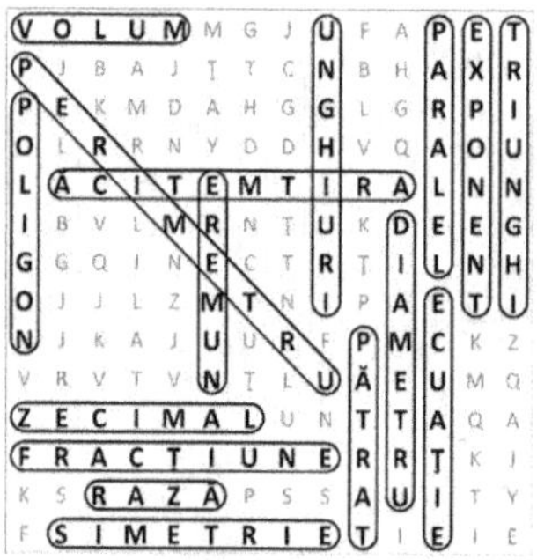

90 - Water

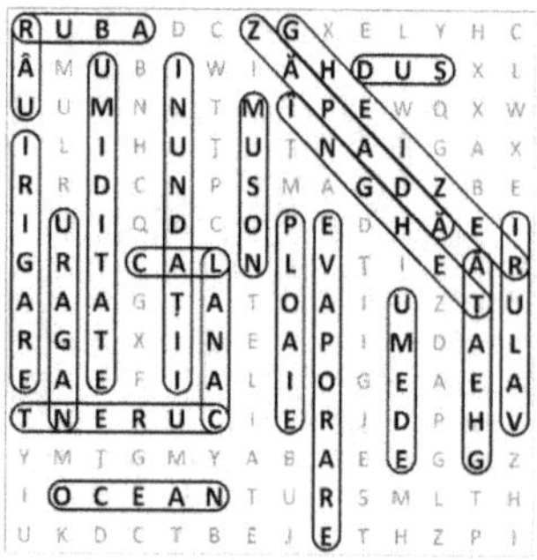

91 - Activities

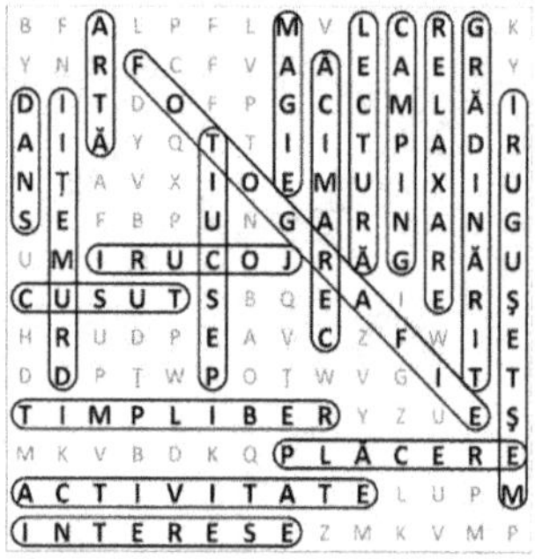

92 - Business

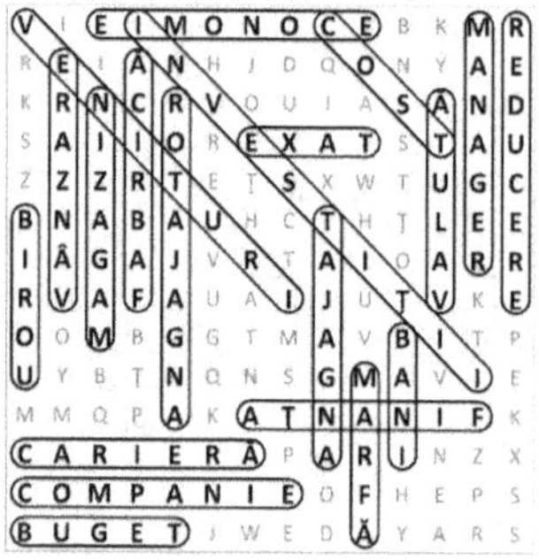

93 - The Company

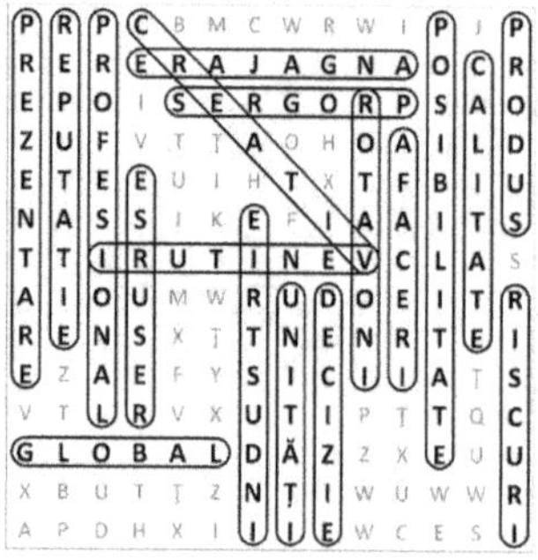

94 - Literature

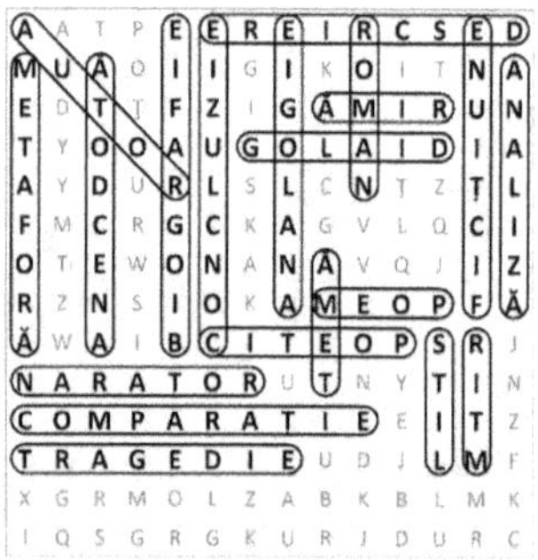

95 - Geography

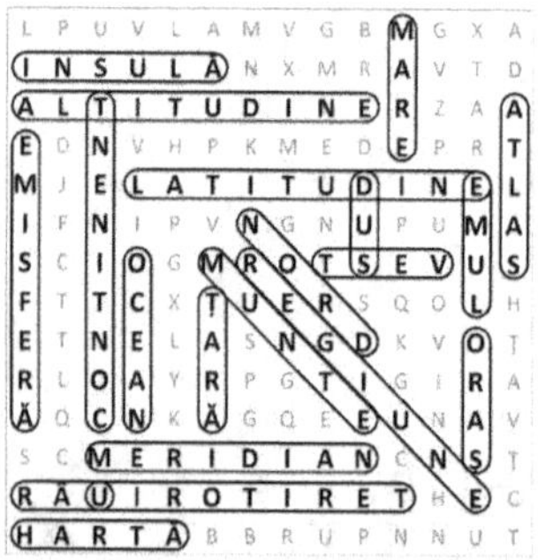

96 - Pets

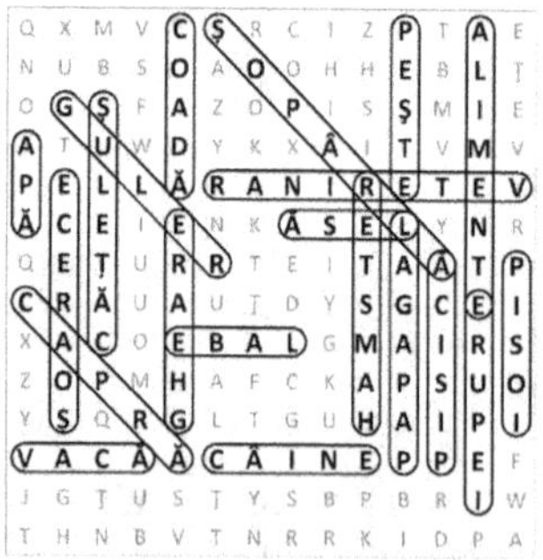

97 - Jazz

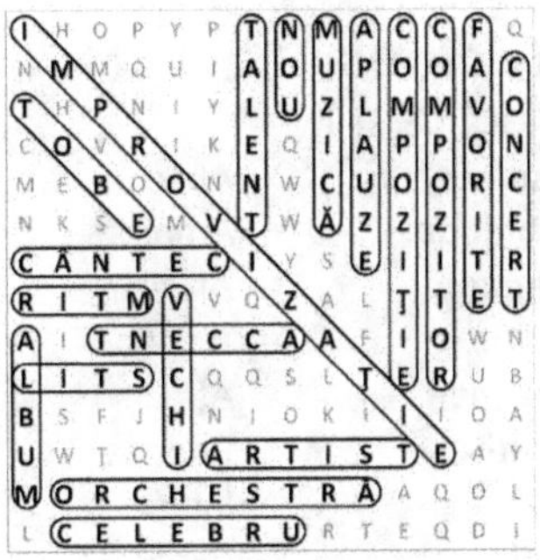

98 - Nature

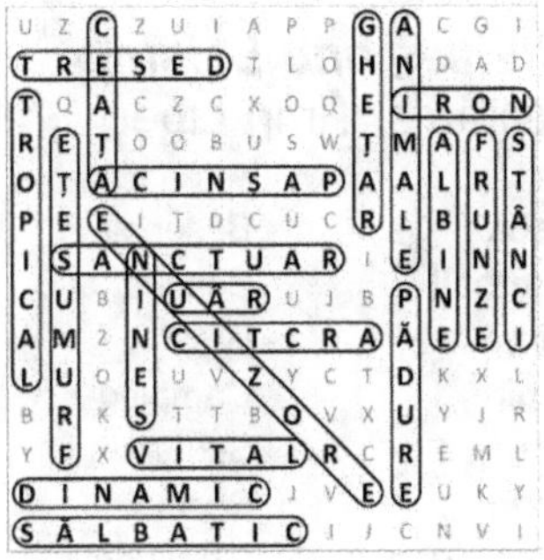

99 - Vacation #2

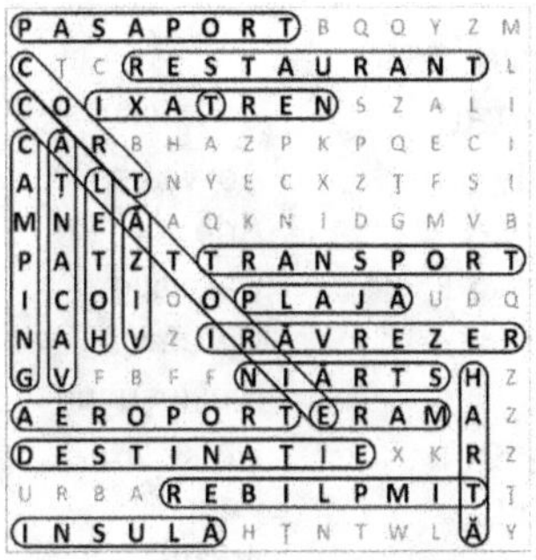

100 - Electricity

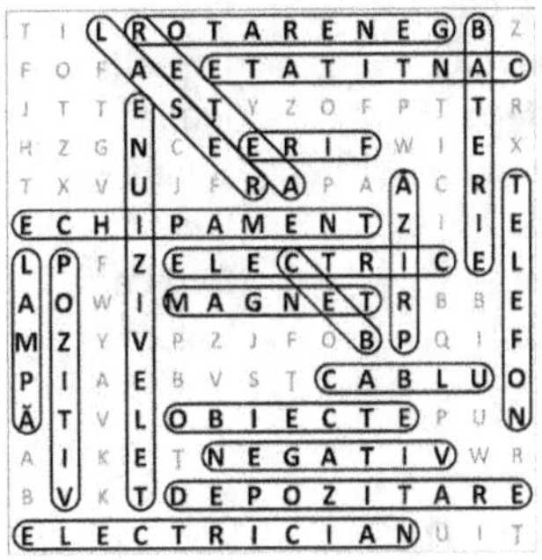

Dictionary

Activities
Activități

Activity	Activitate
Art	Artă
Camping	Camping
Ceramics	Ceramică
Crafts	Meşteşuguri
Dancing	Dans
Fishing	Pescuit
Games	Jocuri
Gardening	Grădinărit
Hiking	Drumeții
Hunting	Vânătoare
Interests	Interese
Leisure	Timp Liber
Magic	Magie
Photography	Fotografie
Pleasure	Plăcere
Reading	Lectură
Relaxation	Relaxare
Sewing	Cusut
Skill	Îndemânare

Activities and Leisure
Activități și Timp Liber

Art	Artă
Baseball	Baseball
Basketball	Baschet
Boxing	Box
Camping	Camping
Diving	Scufundări
Fishing	Pescuit
Gardening	Grădinărit
Golf	Golf
Hiking	Drumeții
Painting	Pictura
Racing	Curse
Relaxing	Relaxant
Shopping	Cumpărături
Soccer	Fotbal
Surfing	Surfing
Swimming	Înot
Tennis	Tenis
Travel	Călătorie
Volleyball	Volei

Adjectives #1
Adjective #1

Absolute	Absolut
Ambitious	Ambiţios
Aromatic	Aromat
Artistic	Artistic
Attractive	Atractiv
Beautiful	Frumos
Dark	Întuneric
Exotic	Exotic
Generous	Generos
Happy	Fericit
Heavy	Greu
Helpful	Util
Honest	Sincer
Identical	Identic
Important	Important
Modern	Modern
Serious	Serios
Slow	Încet
Thin	Subțire
Valuable	Valoros

Adjectives #2
Adjective #2

Authentic	Autentic
Creative	Creativ
Descriptive	Descriptiv
Dry	Uscat
Elegant	Elegant
Famous	Celebru
Gifted	Talentat
Healthy	Sănătos
Hot	Fierbinte
Hungry	Foame
Interesting	Interesant
Natural	Firesc
New	Nou
Productive	Productiv
Proud	Mândru
Responsible	Responsabil
Salty	Sărat
Sleepy	Somnoros
Strong	Puternic
Wild	Sălbatic

Adventure
Aventuri

Activity	Activitate
Beauty	Frumusețe
Bravery	Curaj
Challenges	Provocări
Chance	Şansă
Dangerous	Periculos
Destination	Destinaţie
Difficulty	Dificultate
Enthusiasm	Entuziasm
Excursion	Excursie
Friends	Prieteni
Itinerary	Itinerar
Joy	Bucurie
Nature	Natură
Navigation	Navigare
New	Nou
Opportunity	Oportunitate
Preparation	Pregătirea
Safety	Siguranță
Unusual	Neobișnuit

Airplanes
Avioane

Adventure	Aventură
Air	Aer
Altitude	Altitudine
Atmosphere	Atmosferă
Balloon	Balon
Construction	Construcție
Crew	Echipaj
Descent	Coborâre
Design	Model
Engine	Motor
Fuel	Combustibil
Height	Înălţime
History	Istorie
Hydrogen	Hidrogen
Landing	Aterizare
Passenger	Pasager
Pilot	Pilot
Propellers	Elice
Sky	Cer
Turbulence	Turbulență

Algebra
Algebră

Diagram	Diagramă
Equation	Ecuaţie
Exponent	Exponent
Factor	Factor
False	Fals
Formula	Formulă
Fraction	Fracţiune
Graph	Grafic
Infinite	Infinit
Linear	Liniar
Matrix	Matrice
Number	Număr
Parenthesis	Paranteză
Problem	Problemă
Quantity	Cantitate
Simplify	Simplifica
Solution	Soluţie
Subtraction	Scădere
Variable	Variabil
Zero	Zero

Antarctica
Antarctica

Bay	Golf
Birds	Păsări
Clouds	Nori
Conservation	Conservare
Continent	Continent
Cove	Cove
Environment	Mediu
Expedition	Expediție
Geography	Geografie
Glaciers	Gheţari
Ice	Gheață
Islands	Insule
Migration	Migrație
Peninsula	Peninsulă
Researcher	Cercetător
Rocky	Stâncos
Scientific	Științific
Temperature	Temperatura
Topography	Topografie
Water	Apă

Antiques
Antichităţi

Art	Artă
Auction	Licitaţie
Authentic	Autentic
Century	Secol
Coins	Monede
Decades	Decenii
Decorative	Decorativ
Elegant	Elegant
Furniture	Mobilier
Gallery	Galerie
Investment	Investiții
Jewelry	Bijuterii
Old	Vechi
Price	Preț
Quality	Calitate
Restoration	Restaurare
Sculpture	Sculptură
Style	Stil
Unusual	Neobișnuit
Value	Valoare

Archeology
Arheologie

Analysis	Analiză
Ancient	Vechi
Antiquity	Antichitate
Bones	Oase
Civilization	Civilizație
Descendant	Descendent
Era	Eră
Evaluation	Evaluare
Expert	Expert
Forgotten	Uitat
Fossil	Fosil
Fragments	Fragmente
Mystery	Mister
Objects	Obiecte
Relic	Relicvă
Researcher	Cercetător
Team	Echipă
Temple	Templu
Tomb	Mormânt
Unknown	Necunoscut

Art Supplies
Materiale de Artă

Acrylic	Acrilic
Brushes	Perii
Camera	Aparat Foto
Chair	Scaun
Charcoal	Cărbune
Clay	Lut
Colors	Culori
Creativity	Creativitate
Easel	Șevalet
Eraser	Radieră
Glue	Lipici
Ideas	Idei
Ink	Cerneală
Oil	Ulei
Paints	Vopsele
Paper	Hârtie
Pencils	Creioane
Table	Tabel
Water	Apă
Watercolors	Acuarele

Astronomy
Astronomie

Asteroid	Asteroid
Astronaut	Astronaut
Astronomer	Astronom
Constellation	Constelaţie
Cosmos	Cosmos
Earth	Pământ
Eclipse	Eclipsă
Equinox	Echinocţiu
Galaxy	Galaxie
Meteor	Meteor
Moon	Luna
Nebula	Nebuloasă
Observatory	Observator
Planet	Planetă
Radiation	Radiație
Rocket	Rachetă
Satellite	Satelit
Sky	Cer
Supernova	Supernovă
Zodiac	Zodiac

Ballet
Balet

Applause	Aplauze
Artistic	Artistic
Audience	Public
Ballerina	Balerină
Choreography	Coregrafie
Composer	Compozitor
Dancers	Dansatori
Expressive	Expresiv
Gesture	Gest
Graceful	Grațios
Intensity	Intensitate
Lessons	Lecții
Muscles	Mușchi
Music	Muzică
Orchestra	Orchestră
Practice	Practică
Rhythm	Ritm
Skill	Îndemânare
Style	Stil
Technique	Tehnică

Barbecues
Grătare

Chicken	Pui
Children	Copii
Dinner	Cina
Family	Familie
Food	Alimente
Forks	Furci
Friends	Prieteni
Fruit	Fruct
Games	Jocuri
Grill	Grătar
Hot	Fierbinte
Hunger	Foame
Knives	Cuțite
Music	Muzică
Salads	Salate
Salt	Sare
Sauce	Sos
Summer	Vară
Tomatoes	Rosii
Vegetables	Legume

Beauty
Frumusețe

Charm	Farmec
Color	Culoare
Cosmetics	Cosmetice
Curls	Bucle
Elegance	Eleganță
Elegant	Elegant
Fragrance	Parfum
Grace	Grație
Lipstick	Ruj
Makeup	Machiaj
Mascara	Rimel
Mirror	Oglindă
Oils	Uleiuri
Photogenic	Fotogenic
Products	Produse
Scissors	Foarfece
Services	Servicii
Shampoo	Șampon
Skin	Piele
Stylist	Stilist

Bees
Albinele

Beneficial	Benefic
Diversity	Diversitate
Ecosystem	Ecosistem
Flowers	Flori
Food	Alimente
Fruit	Fruct
Garden	Grădină
Habitat	Habitat
Hive	Stup
Honey	Miere
Insect	Insectă
Plants	Plante
Pollen	Polen
Pollinator	Polenizator
Queen	Regină
Smoke	Fum
Sun	Soare
Swarm	Roi
Wax	Ceară
Wings	Aripi

Birds
Păsări

Canary	Canar
Chicken	Pui
Crow	Cioară
Cuckoo	Cuc
Duck	Rață
Eagle	Vultur
Egg	Ou
Flamingo	Flamingo
Goose	Gâscă
Gull	Pescăruș
Heron	Stârc
Ostrich	Struț
Parrot	Papagal
Peacock	Păun
Pelican	Pelican
Penguin	Pinguin
Sparrow	Vrabie
Stork	Barză
Swan	Lebădă
Toucan	Toucan

Boats
Barci

Anchor	Ancoră
Buoy	Geamandură
Canoe	Canoe
Crew	Echipaj
Dock	Dock
Engine	Motor
Ferry	Bac
Kayak	Caiac
Lake	Lac
Mast	Catarg
Nautical	Nautic
Ocean	Ocean
Raft	Plută
River	Râu
Rope	Frânghie
Sailor	Marinar
Sea	Mare
Tide	Maree
Waves	Valuri
Yacht	Iaht

Books
Cărți

Adventure	Aventură
Author	Autor
Collection	Colecție
Context	Context
Duality	Dualitate
Epic	Epic
Historical	Istoric
Humorous	Plin de Umor
Inventive	Inventiv
Literary	Literar
Narrator	Narator
Novel	Roman
Page	Pagină
Poem	Poem
Poetry	Poezie
Reader	Cititor
Relevant	Relevant
Story	Poveste
Tragic	Tragic
Written	Scris

Buildings
Constructii

Apartment	Apartament
Barn	Hambar
Cabin	Cabină
Castle	Castel
Cinema	Cinema
Embassy	Ambasadă
Factory	Fabrică
Hospital	Spital
Hostel	Pensiune
Hotel	Hotel
Laboratory	Laborator
Museum	Muzeu
Observatory	Observator
School	Şcoală
Stadium	Stadion
Supermarket	Supermarket
Tent	Cort
Theater	Teatru
Tower	Turn
University	Universitate

Business
Afaceri

Budget	Buget
Career	Carieră
Company	Companie
Cost	Cost
Currency	Valută
Discount	Reducere
Economics	Economie
Employee	Angajat
Employer	Angajator
Factory	Fabrică
Finance	Finanţa
Income	Venituri
Investment	Investiții
Manager	Manager
Merchandise	Marfă
Money	Bani
Office	Birou
Sale	Vânzare
Shop	Magazin
Taxes	Taxe

Camping
Camping

Adventure	Aventură
Animals	Animale
Cabin	Cabină
Canoe	Canoe
Compass	Busolă
Fire	Foc
Forest	Pădure
Fun	Distracție
Hammock	Hamac
Hat	Pălărie
Hunting	Vânătoare
Insect	Insectă
Lake	Lac
Map	Hartă
Moon	Luna
Mountain	Munte
Nature	Natură
Rope	Frânghie
Tent	Cort
Trees	Copaci

Cats
Pisicile

Affectionate	Afectuos
Claw	Gheară
Crazy	Nebun
Curious	Curios
Fast	Rapid
Funny	Amuzant
Fur	Blană
Hunter	Vânător
Independent	Independent
Little	Mic
Mouse	Șoarece
Paw	Laba
Personality	Personalitate
Playful	Jucăuş
Shy	Timid
Sleep	Somn
Tail	Coadă
Wild	Sălbatic
Yarn	Fire

Chemistry
Chimie

Acid	Acid
Alkaline	Alcalin
Atomic	Atomic
Carbon	Carbon
Catalyst	Catalizator
Chlorine	Clor
Electron	Electron
Enzyme	Enzimă
Gas	Gaz
Heat	Căldură
Hydrogen	Hidrogen
Ion	Ion
Liquid	Lichid
Molecule	Moleculă
Nuclear	Nuclear
Organic	Organic
Oxygen	Oxigen
Salt	Sare
Temperature	Temperatura
Weight	Greutate

Chess
Şah

Black	Negru
Challenges	Provocări
Champion	Campion
Clever	Inteligent
Contest	Concurs
Diagonal	Diagonală
Game	Joc
King	Rege
Opponent	Adversar
Passive	Pasiv
Player	Jucător
Points	Puncte
Queen	Regină
Rules	Reguli
Sacrifice	Sacrificiu
Strategy	Strategie
Time	Timp
Tournament	Turneu
White	Alb

Circus
Circ

Acrobat	Acrobat
Animals	Animale
Balloons	Baloane
Candy	Bomboane
Clown	Clovn
Costume	Costum
Elephant	Elefant
Entertain	Distra
Juggler	Jongler
Lion	Leu
Magic	Magie
Magician	Magician
Monkey	Maimuţă
Music	Muzică
Parade	Paradă
Spectacular	Spectaculos
Spectator	Spectator
Tent	Cort
Tiger	Tigru
Trick	Truc

Clothes
Haine

Apron	Şorţ
Belt	Curea
Blouse	Bluză
Bracelet	Brățară
Coat	Haina
Dress	Rochie
Fashion	Modă
Gloves	Mănuși
Hat	Pălărie
Jacket	Sacou
Jeans	Blugi
Jewelry	Bijuterii
Pajamas	Pijama
Pants	Pantaloni
Sandals	Sandale
Scarf	Eșarfă
Shirt	Cămaşă
Shoe	Pantof
Skirt	Fusta
Sweater	Pulover

Countries #1
Țările #1

Brazil	Brazilia
Canada	Canada
Egypt	Egipt
Finland	Finlanda
Germany	Germania
Iraq	Irak
Israel	Israel
Italy	Italia
Latvia	Letonia
Libya	Libia
Morocco	Maroc
Nicaragua	Nicaragua
Norway	Norvegia
Panama	Panama
Poland	Polonia
Romania	România
Senegal	Senegal
Spain	Spania
Venezuela	Venezuela
Vietnam	Vietnam

Countries #2
Țările #2

Albania	Albania
Denmark	Danemarca
Ethiopia	Etiopia
Greece	Grecia
Haiti	Haiti
Jamaica	Jamaica
Japan	Japonia
Laos	Laos
Lebanon	Liban
Liberia	Liberia
Mexico	Mexic
Nepal	Nepal
Nigeria	Nigeria
Pakistan	Pakistan
Russia	Rusia
Somalia	Somalia
Sudan	Sudan
Syria	Siria
Uganda	Uganda
Ukraine	Ucraina

Creativity
Creativitate

Artistic	Artistic
Authenticity	Autenticitate
Clarity	Claritate
Dramatic	Dramatic
Emotions	Emoții
Expression	Expresie
Fluidity	Fluiditate
Ideas	Idei
Image	Imagine
Imagination	Imaginație
Impression	Impresie
Inspiration	Inspirație
Intensity	Intensitate
Intuition	Intuiție
Inventive	Inventiv
Sensation	Senzaţie
Skill	Îndemânare
Spontaneous	Spontan
Visions	Viziuni
Vitality	Vitalitate

Days and Months
Zile și Lunile

April	Aprilie
August	August
Calendar	Calendar
February	Februarie
Friday	Vineri
January	Ianuarie
July	Iulie
March	Martie
Monday	Luni
Month	Lună
November	Noiembrie
October	Octombrie
Saturday	Sâmbătă
September	Septembrie
Sunday	Duminică
Thursday	Joi
Tuesday	Marți
Wednesday	Miercuri
Week	Săptămână
Year	An

Diplomacy
Diplomație

Adviser	Consilier
Ambassador	Ambasador
Citizens	Cetățeni
Civic	Civic
Community	Comunitate
Conflict	Conflict
Cooperation	Cooperare
Diplomatic	Diplomatic
Discussion	Discuţie
Embassy	Ambasadă
Ethics	Etică
Government	Guvern
Humanitarian	Umanitar
Integrity	Integritate
Justice	Dreptate
Politics	Politică
Resolution	Rezoluţie
Security	Securitate
Solution	Soluţie
Treaty	Tratat

Driving
Conducere

Accident	Accident
Brakes	Frâne
Car	Mașină
Danger	Pericol
Driver	Șofer
Fuel	Combustibil
Garage	Garaj
Gas	Gaz
License	Licență
Map	Hartă
Motor	Motor
Motorcycle	Motocicletă
Pedestrian	Pieton
Police	Politie
Road	Drum
Safety	Siguranță
Speed	Viteză
Traffic	Trafic
Truck	Camion
Tunnel	Tunel

Ecology
Ecologie

Climate	Climat
Communities	Comunități
Diversity	Diversitate
Drought	Secetă
Fauna	Faună
Flora	Floră
Global	Global
Habitat	Habitat
Marine	Marin
Marsh	Mlaștină
Natural	Firesc
Nature	Natură
Plants	Plante
Resources	Resurse
Species	Specie
Survival	Supraviețuire
Sustainable	Durabilă
Variety	Varietate
Vegetation	Vegetație
Volunteers	Voluntari

Electricity
Electricitate

Battery	Baterie
Bulb	Bec
Cable	Cablu
Electric	Electric
Electrician	Electrician
Equipment	Echipament
Generator	Generator
Lamp	Lampă
Laser	Laser
Magnet	Magnet
Negative	Negativ
Network	Rețea
Objects	Obiecte
Positive	Pozitiv
Quantity	Cantitate
Socket	Priză
Storage	Depozitare
Telephone	Telefon
Television	Televiziune
Wires	Fire

Emotions
Emoții

Anger	Furie
Bliss	Fericire
Boredom	Plictiseală
Calm	Calm
Content	Conţinut
Embarrassed	Jenat
Excited	Excitat
Fear	Frică
Grateful	Recunoscător
Joy	Bucurie
Kindness	Bunătate
Love	Dragoste
Peace	Pace
Relief	Relief
Sadness	Tristețe
Satisfied	Satisfăcut
Surprise	Surpriză
Sympathy	Simpatie
Tenderness	Sensibilitate
Tranquility	Liniște

Energy
Energie

Battery	Baterie
Carbon	Carbon
Diesel	Motorină
Electric	Electric
Electron	Electron
Entropy	Entropie
Environment	Mediu
Fuel	Combustibil
Gasoline	Benzină
Heat	Căldură
Hydrogen	Hidrogen
Industry	Industrie
Motor	Motor
Nuclear	Nuclear
Photon	Foton
Pollution	Poluare
Renewable	Regenerabile
Steam	Abur
Turbine	Turbină
Wind	Vânt

Engineering
Inginerie

Angle	Unghi
Axis	Axă
Calculation	Calcul
Construction	Construcție
Depth	Adâncime
Diagram	Diagramă
Diameter	Diametru
Diesel	Motorină
Distribution	Distribuție
Energy	Energie
Gears	Unelte
Levers	Pârghii
Liquid	Lichid
Machine	Mașină
Measurement	Măsurare
Motor	Motor
Propulsion	Propulsie
Stability	Stabilitate
Strength	Tărie
Structure	Structura

Ethics
Etica

Altruism	Altruism
Benevolent	Binevoitor
Compassion	Compasiune
Cooperation	Cooperare
Dignity	Demnitate
Diplomatic	Diplomatic
Honesty	Onestitate
Humanity	Umanitate
Individualism	Individualism
Integrity	Integritate
Kindness	Bunătate
Optimism	Optimism
Patience	Răbdare
Philosophy	Filozofie
Rationality	Raționalitate
Realism	Realism
Reasonable	Rezonabil
Respectful	Respectuos
Tolerance	Toleranță
Wisdom	Înțelepciune

Family
Familie

Ancestor	Strămoș
Aunt	Mătușă
Brother	Frate
Child	Copil
Childhood	Copilărie
Children	Copii
Cousin	Văr
Daughter	Fiica
Father	Tată
Grandfather	Bunic
Grandson	Nepot
Husband	Soțul
Maternal	Matern
Mother	Mamă
Nephew	Nepot
Niece	Nepoată
Paternal	Patern
Sister	Sora
Uncle	Unchi
Wife	Soție

Farm #1
Ferma # 1

Agriculture	Agricultură
Bee	Albină
Bison	Bizon
Calf	Vițel
Cat	Pisică
Chicken	Pui
Cow	Vacă
Crow	Cioară
Dog	Câine
Donkey	Măgar
Fence	Gard
Fertilizer	Îngrășământ
Field	Câmp
Goat	Capră
Hay	Fân
Honey	Miere
Horse	Cal
Rice	Orez
Seeds	Semințe
Water	Apă

Farm #2
Ferma # 2

Animals	Animale
Barley	Orz
Barn	Hambar
Corn	Porumb
Duck	Rață
Farmer	Fermier
Food	Alimente
Fruit	Fruct
Irrigation	Irigare
Lamb	Miel
Llama	Lamă
Meadow	Luncă
Milk	Lapte
Orchard	Livadă
Sheep	Oaie
Shepherd	Păstor
Tractor	Tractor
Vegetable	Vegetal
Wheat	Grâu
Windmill	Moară de Vânt

Fashion
Modă

Affordable	Accesibil
Boutique	Butic
Buttons	Butoane
Clothing	Îmbrăcăminte
Comfortable	Confortabil
Elegant	Elegant
Embroidery	Broderie
Expensive	Scump
Fabric	Țesătură
Lace	Dantelă
Measurements	Măsurători
Minimalist	Minimalist
Modern	Modern
Modest	Modest
Original	Original
Pattern	Model
Practical	Practic
Style	Stil
Texture	Textură
Trend	Tendinţă

Food #1
Alimente #1

Apricot	Caisă
Barley	Orz
Basil	Busuioc
Carrot	Morcov
Cinnamon	Scorțișoară
Garlic	Usturoi
Juice	Suc
Lemon	Lămâie
Milk	Lapte
Onion	Ceapă
Peanut	Arahidă
Pear	Pară
Salad	Salată
Salt	Sare
Soup	Supă
Spinach	Spanac
Strawberry	Căpșună
Sugar	Zahăr
Tuna	Ton
Turnip	Nap

Food #2
Alimente #2

Apple	Măr
Artichoke	Anghinare
Banana	Banană
Broccoli	Broccoli
Celery	Țelină
Cheese	Brânză
Cherry	Cireașă
Chicken	Pui
Chocolate	Ciocolată
Egg	Ou
Eggplant	Vânătă
Fish	Peşte
Grape	Struguri
Ham	Șuncă
Kiwi	Kiwi
Mushroom	Ciupercă
Rice	Orez
Tomato	Roșie
Wheat	Grâu
Yogurt	Iaurt

Force and Gravity
Forța și Gravitatea

Axis	Axă
Center	Centru
Discovery	Descoperire
Distance	Distanţă
Dynamic	Dinamic
Expansion	Expansiune
Friction	Frecare
Impact	Impact
Magnetism	Magnetism
Magnitude	Magnitudine
Mechanics	Mecanica
Momentum	Impuls
Orbit	Orbită
Physics	Fizică
Pressure	Presiune
Properties	Proprietăți
Speed	Viteză
Time	Timp
Universal	Universal
Weight	Greutate

Fruit
Fructe

Apple	Măr
Apricot	Caisă
Avocado	Avocado
Banana	Banană
Berry	Bacă
Cherry	Cireașă
Coconut	Nucă de Cocos
Fig	Fig
Grape	Struguri
Guava	Guava
Kiwi	Kiwi
Lemon	Lămâie
Mango	Mango
Melon	Pepene
Nectarine	Nectarină
Papaya	Papaya
Peach	Piersică
Pear	Pară
Pineapple	Ananas
Raspberry	Zmeură

Garden
Grădină

Bench	Bancă
Bush	Tufiș
Fence	Gard
Flower	Floare
Garage	Garaj
Garden	Grădină
Grass	Iarbă
Hammock	Hamac
Hose	Furtun
Lawn	Gazon
Orchard	Livadă
Pond	Iaz
Porch	Verandă
Rake	Greblă
Shovel	Lopată
Soil	Sol
Terrace	Terasă
Trampoline	Trambulină
Tree	Copac
Weeds	Buruieni

Geography
Geografie

Altitude	Altitudine
Atlas	Atlas
City	Oraș
Continent	Continent
Country	Țară
Hemisphere	Emisferă
Island	Insulă
Latitude	Latitudine
Map	Hartă
Meridian	Meridian
Mountain	Munte
North	Nord
Ocean	Ocean
Region	Regiune
River	Râu
Sea	Mare
South	Sud
Territory	Teritoriu
West	Vest
World	Lume

Geology
Geologie

Acid	Acid
Calcium	Calciu
Cavern	Cavernă
Continent	Continent
Coral	Coral
Crystals	Cristale
Cycles	Cicluri
Earthquake	Cutremur
Erosion	Eroziune
Fossil	Fosil
Geyser	Gheizer
Lava	Lavă
Layer	Strat
Minerals	Minerale
Plateau	Platou
Quartz	Cuarț
Salt	Sare
Stalactite	Stalactit
Stone	Piatră
Volcano	Vulcan

Geometry
Geometrie

Angle	Unghi
Calculation	Calcul
Circle	Cerc
Curve	Curbă
Diameter	Diametru
Dimension	Dimensiune
Equation	Ecuaţie
Height	Înălţime
Horizontal	Orizontală
Logic	Logică
Mass	Masă
Median	Mediană
Number	Număr
Parallel	Paralel
Proportion	Proporţie
Segment	Segment
Surface	Suprafaţă
Symmetry	Simetrie
Theory	Teorie
Triangle	Triunghi

Government
Guvern

Citizenship	Cetățenie
Civil	Civil
Constitution	Constituție
Democracy	Democraţie
Discussion	Discuţie
District	District
Equality	Egalitate
Independence	Independenţă
Judicial	Juridic
Justice	Dreptate
Law	Lege
Leader	Lider
Liberty	Libertate
Monument	Monument
Nation	Națiune
Peaceful	Pașnică
Politics	Politică
Speech	Vorbire
State	Stat
Symbol	Simbol

Hair Types
Tipuri de Par

Bald	Chel
Black	Negru
Blond	Blond
Braided	Împletit
Braids	Împletituri
Brown	Maro
Colored	Colorate
Curls	Bucle
Curly	Cret
Dry	Uscat
Gray	Gri
Healthy	Sănătos
Long	Lung
Shiny	Lucios
Short	Scurt
Soft	Moale
Thick	Gros
Thin	Subțire
Wavy	Ondulat
White	Alb

Health and Wellness #1
Sănătate și Bunăstare #1

Active	Activ
Bacteria	Bacterii
Bones	Oase
Clinic	Clinica
Doctor	Doctor
Fracture	Fractură
Habit	Obicei
Height	Înălţime
Hormones	Hormoni
Hunger	Foame
Medicine	Medicină
Muscles	Mușchi
Nerves	Nervi
Pharmacy	Farmacie
Reflex	Reflex
Relaxation	Relaxare
Skin	Piele
Therapy	Terapie
Treatment	Tratament
Virus	Virus

Health and Wellness #2
Sănătate și Bunăstare #2

Allergy	Alergie
Anatomy	Anatomie
Appetite	Apetit
Blood	Sânge
Calorie	Calorii
Dehydration	Deshidratare
Diet	Dietă
Disease	Boala
Energy	Energie
Genetics	Genetică
Healthy	Sănătos
Hospital	Spital
Hygiene	Igienă
Infection	Infecţie
Massage	Masaj
Nutrition	Nutriție
Recovery	Recuperare
Stress	Stres
Vitamin	Vitamină
Weight	Greutate

Herbalism
Plante Medicinale

Aromatic	Aromat
Basil	Busuioc
Beneficial	Benefic
Culinary	Culinar
Fennel	Fenicul
Flavor	Aromă
Flower	Floare
Garden	Grădină
Garlic	Usturoi
Green	Verde
Ingredient	Ingredient
Lavender	Lavandă
Marjoram	Maghiran
Mint	Mentă
Oregano	Oregano
Parsley	Pătrunjel
Plant	Plantă
Rosemary	Rozmarin
Saffron	Șofran
Tarragon	Tarhon

Hiking
Drumeții

Animals	Animale
Boots	Cizme
Camping	Camping
Cliff	Stâncă
Climate	Climat
Guides	Ghiduri
Hazards	Pericole
Heavy	Greu
Map	Hartă
Mountain	Munte
Nature	Natură
Orientation	Orientare
Parks	Parcuri
Preparation	Pregătirea
Stones	Pietre
Summit	Summit
Sun	Soare
Tired	Obosit
Water	Apă
Wild	Sălbatic

House
Casa

Attic	Mansardă
Broom	Mătură
Curtains	Perdele
Door	Ușă
Fence	Gard
Fireplace	Vatră
Floor	Podea
Furniture	Mobilier
Garage	Garaj
Garden	Grădină
Keys	Chei
Kitchen	Bucătărie
Lamp	Lampă
Library	Bibliotecă
Mirror	Oglindă
Roof	Acoperiș
Room	Cameră
Shower	Duș
Wall	Perete
Window	Fereastră

Human Body
Corpul Uman

Ankle	Gleznă
Blood	Sânge
Bones	Oase
Brain	Creier
Chin	Bărbie
Ear	Ureche
Elbow	Cot
Face	Față
Finger	Deget
Hand	Mână
Head	Cap
Heart	Inimă
Jaw	Falcă
Knee	Genunchi
Leg	Picior
Mouth	Gură
Neck	Gât
Nose	Nas
Shoulder	Umăr
Skin	Piele

Jazz
Jazz

Album	Album
Applause	Aplauze
Artist	Artist
Composer	Compozitor
Composition	Compoziție
Concert	Concert
Drums	Tobe
Emphasis	Accent
Famous	Celebru
Favorites	Favorite
Improvisation	Improvizaţie
Music	Muzică
New	Nou
Old	Vechi
Orchestra	Orchestră
Rhythm	Ritm
Song	Cântec
Style	Stil
Talent	Talent
Technique	Tehnică

Kitchen
Bucătărie

Apron	Şorţ
Bowl	Castron
Chopsticks	Bețișoare
Cups	Cupe
Food	Alimente
Forks	Furci
Freezer	Congelator
Grill	Grătar
Jar	Borcan
Jug	Ulcior
Kettle	Ceainic
Knives	Cuțite
Ladle	Polonic
Napkin	Șervețel
Oven	Cuptor
Recipe	Rețetă
Refrigerator	Frigider
Spices	Condimente
Sponge	Burete
Spoons	Linguri

Landscapes
Peisaje

Beach	Plajă
Cave	Peșteră
Desert	Deșert
Geyser	Gheizer
Glacier	Ghețar
Hill	Deal
Iceberg	Aisberg
Island	Insulă
Lake	Lac
Mountain	Munte
Oasis	Oază
Ocean	Ocean
Peninsula	Peninsulă
River	Râu
Sea	Mare
Swamp	Mlaștină
Tundra	Tundră
Valley	Vale
Volcano	Vulcan
Waterfall	Cascadă

Literature
Literatură

Analogy	Analogie
Analysis	Analiză
Anecdote	Anecdotă
Author	Autor
Biography	Biografie
Comparison	Comparație
Conclusion	Concluzie
Description	Descriere
Dialogue	Dialog
Fiction	Ficțiune
Metaphor	Metaforă
Narrator	Narator
Novel	Roman
Poem	Poem
Poetic	Poetic
Rhyme	Rimă
Rhythm	Ritm
Style	Stil
Theme	Temă
Tragedy	Tragedie

Mammals
Mamiferele

Bear	Urs
Beaver	Castor
Bull	Taur
Cat	Pisică
Coyote	Coiot
Dog	Câine
Dolphin	Delfin
Elephant	Elefant
Fox	Vulpe
Giraffe	Girafă
Gorilla	Gorilă
Horse	Cal
Kangaroo	Cangur
Lion	Leu
Monkey	Maimuţă
Rabbit	Iepure
Sheep	Oaie
Whale	Balenă
Wolf	Lup
Zebra	Zebră

Math
Matematică

Angles	Unghiuri
Arithmetic	Aritmetică
Circumference	Circumferinţă
Decimal	Zecimal
Diameter	Diametru
Equation	Ecuaţie
Exponent	Exponent
Fraction	Fracțiune
Geometry	Geometrie
Numbers	Numere
Parallel	Paralel
Parallelogram	Paralelogram
Perimeter	Perimetru
Polygon	Poligon
Radius	Rază
Rectangle	Dreptunghi
Square	Pătrat
Symmetry	Simetrie
Triangle	Triunghi
Volume	Volum

Measurements
Măsurătorile

Byte	Byte
Centimeter	Centimetru
Decimal	Zecimal
Degree	Grad
Depth	Adâncime
Gram	Gram
Height	Înălţime
Inch	Inch
Kilogram	Kilogram
Kilometer	Kilometru
Length	Lungime
Liter	Litru
Mass	Masă
Meter	Metru
Minute	Minut
Ounce	Uncie
Ton	Tonă
Volume	Volum
Weight	Greutate
Width	Lăţime

Meditation
Meditaţie

Acceptance	Acceptare
Attention	Atenție
Awake	Treaz
Breathing	Respirație
Calm	Calm
Clarity	Claritate
Compassion	Compasiune
Emotions	Emoții
Gratitude	Recunoștință
Habits	Obiceiuri
Kindness	Bunătate
Mental	Mental
Mind	Minte
Movement	Mișcare
Music	Muzică
Nature	Natură
Peace	Pace
Perspective	Perspectivă
Silence	Tăcere
Thoughts	Gânduri

Music
Muzica

Album	Album
Ballad	Baladă
Chorus	Cor
Classical	Clasic
Eclectic	Eclectic
Harmonic	Armonic
Harmony	Armonie
Lyrical	Liric
Melody	Melodie
Microphone	Microfon
Musical	Muzical
Musician	Muzician
Opera	Operă
Poetic	Poetic
Recording	Înregistrare
Rhythm	Ritm
Rhythmic	Ritmic
Sing	Cânta
Singer	Cântăreț
Vocal	Vocal

Musical Instruments
Instrumente Muzicale

Banjo	Banjo
Bassoon	Fagot
Cello	Violoncel
Clarinet	Clarinet
Drum	Tobă
Drumsticks	Copane
Flute	Flaut
Gong	Gong
Guitar	Chitară
Harp	Harpă
Mandolin	Mandolină
Marimba	Marimba
Oboe	Oboi
Percussion	Percuţie
Piano	Pian
Saxophone	Saxofon
Tambourine	Tamburină
Trombone	Trombon
Trumpet	Trompetă
Violin	Vioară

Mythology
Mitologie

Archetype	Arhetip
Behavior	Comportament
Beliefs	Credințe
Creation	Creare
Creature	Făptură
Culture	Cultură
Deities	Zeități
Disaster	Dezastru
Heaven	Cer
Hero	Erou
Immortality	Nemurire
Jealousy	Gelozie
Labyrinth	Labirint
Legend	Legendă
Lightning	Fulger
Monster	Monstru
Mortal	Muritor
Revenge	Răzbunare
Thunder	Tunet
Warrior	Războinic

Nature
Natura

Animals	Animale
Arctic	Arctic
Beauty	Frumusețe
Bees	Albine
Cliffs	Stânci
Clouds	Nori
Desert	Deșert
Dynamic	Dinamic
Erosion	Eroziune
Fog	Ceață
Foliage	Frunze
Forest	Pădure
Glacier	Ghețar
Peaceful	Pașnică
River	Râu
Sanctuary	Sanctuar
Serene	Senin
Tropical	Tropical
Vital	Vital
Wild	Sălbatic

Numbers
Numerele

Decimal	Zecimal
Eight	Opt
Eighteen	Optsprezece
Fifteen	Cincisprezece
Five	Cinci
Four	Patru
Fourteen	Paisprezece
Nine	Nouă
Nineteen	Nouăsprezece
One	Unu
Seven	Șapte
Seventeen	Șaptesprezece
Six	Șase
Sixteen	Șaisprezece
Ten	Zece
Thirteen	Treisprezece
Three	Trei
Twelve	Doisprezece
Twenty	Douăzeci
Two	Doi

Nutrition
Alimentație

Appetite	Apetit
Balanced	Echilibrat
Bitter	Amar
Calories	Calorii
Carbohydrates	Glucide
Diet	Dietă
Digestion	Digestie
Edible	Comestibil
Fermentation	Fermentaţie
Flavor	Aromă
Habits	Obiceiuri
Health	Sănătate
Healthy	Sănătos
Nutrient	Nutrient
Proteins	Proteine
Quality	Calitate
Sauce	Sos
Toxin	Toxină
Vitamin	Vitamină
Weight	Greutate

Ocean
Ocean

Algae	Alge
Boat	Barcă
Coral	Coral
Crab	Crab
Dolphin	Delfin
Eel	Anghilă
Fish	Peşte
Jellyfish	Meduze
Octopus	Caracatiță
Oyster	Stridie
Reef	Recif
Salt	Sare
Shark	Rechin
Shrimp	Crevetă
Sponge	Burete
Storm	Furtună
Tides	Maree
Tuna	Ton
Waves	Valuri
Whale	Balenă

Pets
Animale de Companie

Cat	Pisică
Claws	Gheare
Collar	Guler
Cow	Vacă
Dog	Câine
Fish	Peşte
Food	Alimente
Goat	Capră
Hamster	Hamster
Kitten	Pisoi
Leash	Lesă
Lizard	Șopârlă
Mouse	Șoarece
Parrot	Papagal
Paws	Labe
Puppy	Cățeluș
Rabbit	Iepure
Tail	Coadă
Veterinarian	Veterinar
Water	Apă

Philanthropy
Filantropie

Challenges	Provocări
Charity	Caritate
Children	Copii
Community	Comunitate
Contacts	Contacte
Finance	Finanţa
Funds	Fonduri
Generosity	Generozitate
Global	Global
Goals	Obiectivele
Groups	Grupuri
History	Istorie
Honesty	Onestitate
Humanity	Umanitate
Mission	Misiune
Need	Nevoie
People	Oameni
Programs	Programe
Public	Public
Youth	Tineret

Physics
Fizică

Acceleration	Accelerare
Atom	Atom
Chaos	Haos
Chemical	Chimic
Density	Densitate
Electron	Electron
Engine	Motor
Expansion	Expansiune
Formula	Formulă
Frequency	Frecvență
Gas	Gaz
Magnetism	Magnetism
Mass	Masă
Mechanics	Mecanica
Molecule	Moleculă
Nuclear	Nuclear
Particle	Particulă
Relativity	Relativitate
Speed	Viteză
Universal	Universal

Plants
Plante

Bamboo	Bambus
Bean	Fasole
Berry	Bacă
Botany	Botanică
Bush	Tufiș
Cactus	Cactus
Fertilizer	Îngrăşământ
Flora	Floră
Flower	Floare
Foliage	Frunze
Forest	Pădure
Garden	Grădină
Grass	Iarbă
Ivy	Iederă
Moss	Mușchi
Petal	Petală
Root	Rădăcină
Stem	Tulpină
Tree	Copac
Vegetation	Vegetație

Professions #1
Profesiile #1

Ambassador	Ambasador
Astronomer	Astronom
Attorney	Avocat
Banker	Bancher
Cartographer	Cartograf
Coach	Antrenor
Dancer	Dansator
Doctor	Doctor
Editor	Editor
Firefighter	Pompier
Geologist	Geolog
Hunter	Vânător
Jeweler	Bijutier
Musician	Muzician
Pianist	Pianist
Plumber	Instalator
Psychologist	Psiholog
Sailor	Marinar
Tailor	Croitor
Veterinarian	Veterinar

Professions #2
Profesiile #2

Astronaut	Astronaut
Biologist	Biolog
Dentist	Dentist
Detective	Detectiv
Engineer	Inginer
Farmer	Fermier
Gardener	Grădinar
Illustrator	Ilustrator
Inventor	Inventator
Journalist	Jurnalist
Librarian	Bibliotecar
Linguist	Lingvist
Painter	Pictor
Philosopher	Filozof
Photographer	Fotograf
Physician	Medic
Pilot	Pilot
Surgeon	Chirurg
Teacher	Profesor
Zoologist	Zoolog

Psychology
Psihologie

Appointment	Programare
Assessment	Evaluare
Behavior	Comportament
Childhood	Copilărie
Clinical	Clinic
Cognition	Cunoaștere
Conflict	Conflict
Dreams	Vise
Ego	Ego
Emotions	Emoții
Ideas	Idei
Perception	Percepţie
Personality	Personalitate
Problem	Problemă
Reality	Realitate
Sensation	Senzaţie
Subconscious	Subconștient
Therapy	Terapie
Thoughts	Gânduri
Unconscious	Inconştient

Rainforest
Pădurea Tropicală

Amphibians	Amfibieni
Birds	Păsări
Botanical	Botanic
Climate	Climat
Clouds	Nori
Community	Comunitate
Diversity	Diversitate
Indigenous	Indigene
Insects	Insecte
Jungle	Junglă
Mammals	Mamifere
Moss	Mușchi
Nature	Natură
Preservation	Conservare
Refuge	Refugiu
Respect	Respect
Restoration	Restaurare
Species	Specie
Survival	Supraviețuire
Valuable	Valoros

Restaurant #2
Restaurantul #2

Appetizer	Aperitiv
Beverage	Băutură
Cake	Tort
Chair	Scaun
Delicious	Delicios
Dinner	Cina
Eggs	Ouă
Fish	Peşte
Fork	Furcă
Fruit	Fruct
Ice	Gheață
Lunch	Prânz
Salad	Salată
Salt	Sare
Soup	Supă
Spices	Condimente
Spoon	Lingură
Vegetables	Legume
Waiter	Chelner
Water	Apă

Science
Ştiinţă

Atom	Atom
Chemical	Chimic
Climate	Climat
Data	Date
Evolution	Evoluţie
Experiment	Experiment
Fact	Fapt
Fossil	Fosil
Gravity	Gravitație
Hypothesis	Ipoteză
Laboratory	Laborator
Method	Metodă
Minerals	Minerale
Molecules	Molecule
Nature	Natură
Organism	Organism
Particles	Particule
Physics	Fizică
Plants	Plante
Scientist	Om de Știință

Science Fiction
Operă Științifico-Fantas

Atomic	Atomic
Books	Cărți
Cinema	Cinema
Clones	Clone
Dystopia	Distopie
Explosion	Explozie
Extreme	Extrem
Fantastic	Fantastic
Fire	Foc
Futuristic	Futurist
Galaxy	Galaxie
Illusion	Iluzie
Imaginary	Imaginar
Mysterious	Misterios
Oracle	Oracol
Planet	Planetă
Robots	Roboți
Technology	Tehnologie
Utopia	Utopie
World	Lume

Scientific Disciplines
Disciplinele Științifice

Anatomy	Anatomie
Archaeology	Arheologie
Astronomy	Astronomie
Biochemistry	Biochimie
Biology	Biologie
Botany	Botanică
Chemistry	Chimie
Ecology	Ecologie
Geology	Geologie
Immunology	Imunologie
Kinesiology	Kinetoterapie
Linguistics	Lingvistică
Mechanics	Mecanica
Mineralogy	Mineralogie
Neurology	Neurologie
Physiology	Fiziologie
Psychology	Psihologie
Sociology	Sociologie
Thermodynamics	Termodinamică
Zoology	Zoologie

Shapes
Forme

Arc	Arc
Circle	Cerc
Cone	Con
Corner	Colț
Cube	Cub
Curve	Curbă
Cylinder	Cilindru
Edges	Margini
Ellipse	Elipsă
Hyperbola	Hiperbolă
Line	Linia
Oval	Oval
Polygon	Poligon
Prism	Prismă
Pyramid	Piramidă
Rectangle	Dreptunghi
Side	Parte
Sphere	Sferă
Square	Pătrat
Triangle	Triunghi

Spices
Condimente

Anise	Anason
Bitter	Amar
Cardamom	Cardamom
Cinnamon	Scorțișoară
Coriander	Coriandru
Cumin	Chimion
Curry	Curry
Fennel	Fenicul
Fenugreek	Schinduf
Flavor	Aromă
Garlic	Usturoi
Ginger	Ghimbir
Licorice	Lemn Dulce
Nutmeg	Nucşoară
Onion	Ceapă
Paprika	Paprika
Saffron	Șofran
Salt	Sare
Sweet	Dulce
Vanilla	Vanilie

The Company
Compania

Business	Afaceri
Creative	Creativ
Decision	Decizie
Employment	Angajare
Global	Global
Industry	Industrie
Innovative	Inovator
Investment	Investiții
Possibility	Posibilitate
Presentation	Prezentare
Product	Produs
Professional	Profesional
Progress	Progres
Quality	Calitate
Reputation	Reputatie
Resources	Resurse
Revenue	Venituri
Risks	Riscuri
Trends	Tendințe
Units	Unități

The Media
Mass-Media

Attitudes	Atitudini
Commercial	Comercial
Communication	Comunicare
Digital	Digital
Edition	Ediție
Education	Educaţie
Facts	Fapte
Funding	Finanțarea
Images	Imagini
Individual	Individual
Industry	Industrie
Intellectual	Intelectual
Local	Local
Magazines	Reviste
Network	Rețea
Newspapers	Presă
Online	Online
Opinion	Opinie
Public	Public
Radio	Radio

Time
Timp

Annual	Anual
Before	Înainte
Calendar	Calendar
Century	Secol
Clock	Ceas
Day	Zi
Decade	Deceniu
Early	Devreme
Future	Viitor
Hour	Oră
Minute	Minut
Month	Lună
Morning	Dimineaţă
Night	Noapte
Noon	Amiază
Now	Acum
Soon	Curând
Today	Azi
Week	Săptămână
Year	An

Town
Oraș

Airport	Aeroport
Bakery	Brutărie
Bank	Bancă
Bookstore	Librărie
Cafe	Cafenea
Cinema	Cinema
Clinic	Clinica
Florist	Florar
Gallery	Galerie
Hotel	Hotel
Library	Bibliotecă
Market	Piață
Museum	Muzeu
Pharmacy	Farmacie
School	Şcoală
Stadium	Stadion
Store	Magazin
Supermarket	Supermarket
Theater	Teatru
University	Universitate

Universe
Universul

Asteroid	Asteroid
Astronomer	Astronom
Astronomy	Astronomie
Atmosphere	Atmosferă
Celestial	Ceresc
Cosmic	Cosmic
Darkness	Întuneric
Eon	Eon
Galaxy	Galaxie
Hemisphere	Emisferă
Horizon	Orizont
Latitude	Latitudine
Moon	Luna
Orbit	Orbită
Sky	Cer
Solar	Solar
Solstice	Solstițiu
Telescope	Telescop
Visible	Vizibil
Zodiac	Zodiac

Vacation #2
Vacanță #2

Airport	Aeroport
Beach	Plajă
Camping	Camping
Destination	Destinaţie
Foreigner	Străin
Holiday	Vacanță
Hotel	Hotel
Island	Insulă
Journey	Călătorie
Leisure	Timp Liber
Map	Hartă
Passport	Pașaport
Reservations	Rezervări
Restaurant	Restaurant
Sea	Mare
Taxi	Taxi
Tent	Cort
Train	Tren
Transportation	Transport
Visa	Viză

Vegetables
Legume

Artichoke	Anghinare
Broccoli	Broccoli
Carrot	Morcov
Cauliflower	Conopidă
Celery	Țelină
Cucumber	Castravete
Eggplant	Vânătă
Garlic	Usturoi
Ginger	Ghimbir
Mushroom	Ciupercă
Onion	Ceapă
Parsley	Pătrunjel
Pea	Mazăre
Pumpkin	Dovleac
Radish	Ridiche
Salad	Salată
Shallot	Șalotă
Spinach	Spanac
Tomato	Roșie
Turnip	Nap

Vehicles
Autovehicule

Airplane	Avion
Ambulance	Ambulanță
Bicycle	Bicicletă
Boat	Barcă
Bus	Autobuz
Car	Mașină
Caravan	Caravană
Ferry	Bac
Helicopter	Elicopter
Motor	Motor
Raft	Plută
Rocket	Rachetă
Scooter	Scuter
Shuttle	Navetă
Submarine	Submarin
Subway	Metrou
Taxi	Taxi
Tires	Anvelope
Tractor	Tractor
Truck	Camion

Virtues #1
Virtuțile #1

Artistic	Artistic
Charming	Fermecător
Clean	Curat
Confident	Încrezător
Curious	Curios
Decisive	Decisiv
Efficient	Eficient
Funny	Amuzant
Generous	Generos
Good	Bun
Helpful	Util
Imaginative	Imaginativ
Independent	Independent
Intelligent	Inteligent
Modest	Modest
Passionate	Pasionat
Patient	Pacient
Practical	Practic
Reliable	De Încredere
Wise	Înțelept

Visual Arts
Arte Vizuale

Architecture	Arhitectură
Artist	Artist
Ceramics	Ceramică
Chalk	Cretă
Charcoal	Cărbune
Clay	Argilă
Composition	Compoziţie
Creativity	Creativitate
Easel	Șevalet
Film	Film
Masterpiece	Capodoperă
Painting	Pictura
Pen	Pix
Pencil	Creion
Perspective	Perspectivă
Photograph	Fotografie
Portrait	Portret
Sculpture	Sculptură
Varnish	Lac
Wax	Ceară

Water
Apă

Canal	Canal
Damp	Umede
Evaporation	Evaporare
Flood	Inundații
Frost	Îngheț
Geyser	Gheizer
Hurricane	Uragan
Ice	Gheață
Irrigation	Irigare
Lake	Lac
Moisture	Umiditate
Monsoon	Muson
Ocean	Ocean
Rain	Ploaie
River	Râu
Shower	Duș
Snow	Zăpadă
Steam	Abur
Stream	Curent
Waves	Valuri

Weather
Vremea

Atmosphere	Atmosferă
Breeze	Briză
Climate	Climat
Cloud	Nor
Drought	Secetă
Dry	Uscat
Fog	Ceață
Hurricane	Uragan
Ice	Gheață
Lightning	Fulger
Monsoon	Muson
Polar	Polar
Rainbow	Curcubeu
Sky	Cer
Storm	Furtună
Temperature	Temperatura
Thunder	Tunet
Tornado	Tornadă
Tropical	Tropicale
Wind	Vânt

Congratulations

You made it!

We hope you enjoyed this book as much as we enjoyed making it. We do our best to make high quality games.
These puzzles are designed in a clever way for you to learn actively while having fun!

Did you love them?

A Simple Request

Our books exist thanks your reviews. Could you help us by leaving one now?

Here is a short link which will take you to your order review page:

BestBooksActivity.com/Review50

MONSTER CHALLENGE!

Challenge #1

Ready for Your Bonus Game? We use them all the time but they are not so easy to find. Here are **Synonyms**!

Note 5 words you discovered in each of the Puzzles noted below (#21, #36, #76) and try to find 2 synonyms for each word.

Note 5 Words from ***Puzzle 21***

Words	Synonym 1	Synonym 2

Note 5 Words from ***Puzzle 36***

Words	Synonym 1	Synonym 2

Note 5 Words from ***Puzzle 76***

Words	Synonym 1	Synonym 2

Challenge #2

Now that you are warmed-up, note 5 words you discovered in each Puzzle noted below (#9, #17, #25) and try to find 2 antonyms for each word. How many lines can you do in 20 minutes?

Note 5 Words from ***Puzzle 9***

Words	Antonym 1	Antonym 2

Note 5 Words from ***Puzzle 17***

Words	Antonym 1	Antonym 2

Note 5 Words from ***Puzzle 25***

Words	Antonym 1	Antonym 2

Challenge #3

Wonderful, this monster  challenge is nothing to you!

Ready for the last one? Choose your 10 favorite words discovered in any of the Puzzles and note them below.

1.	6.
2.	7.
3.	8.
4.	9.
5.	10.

Now, using these words and within a maximum of six sentences, your challenge is to compose a text about a person, animal or place that you love!

Tip: You can use the last blank page of this book as a draft!

Your Writing:

NOTEBOOK:

SEE YOU SOON!

Linguas Classics Team

www.ingramcontent.com/pod-product-compliance
Lightning Source LLC
LaVergne TN
LVHW060318080526
838202LV00053B/4369
* 9 7 8 2 4 9 1 7 9 2 6 3 3 *